日本人の「戦争観」を問う

昭和史からの遺言

保阪正康

山川出版社

日本人の「戦争観」を問う

昭和史からの遺言

目次

靖国神社はどう生まれたか／A級戦犯合祀が招いたこと／天皇が靖国神社を参拝しなくなった理由／千鳥ヶ淵戦没者墓苑とは何か／二〇〇〇年代の国立追悼施設をめぐる議論／靖国神社が合祀できない人々／国民が自覚すべき追悼する側の責任

日本人の「戦争責任論」を問う……107

イギリスのイラク戦争検証報告書／日本人の「太平洋戦争」への検証／東京裁判は何を裁いたか／訴追されなかった天皇／二八名のA級戦犯容疑者／東條英機の弁明／全員が「戦争犯罪」による死刑に／膨らむ東京裁判への疑念／日本人の視点による検証を／三年八ヵ月もの戦争は必然だったのか／戦争被害への結果責任とは／大本営の無謀な作戦の妥当性にもメスを／ヒントを与える読売新聞の「検証・戦争責任」／天皇の戦争責任を考える／「日本の伝統文化にあり得ない決断」

近衛が突きつけた上奏文のインパクト／「かくなつては国は守れぬ」／天皇が軍へ不信をもった理由／「富田メモ」に表れた天皇の心境／「統治システムの欠陥」に苦しんだ天皇／今上天皇の「堪え難い重荷」に思いを寄せる

日本人の「戦争観」を問う

戦後七〇年と安保法制

二〇一五年は「戦後七〇年」という、節目の年でしたね。これまでにも戦後五〇年、戦後六〇年と、終戦から一〇年刻みの節目を迎えるたびに、日本社会はあの戦争を「戦後」という視点でふり返ってきたわけですが、今回の「戦後七〇年」はほかの節目と大きく異なってます。それはなんだと思いますか?

僕は二つあるんじゃないかと思います。一つは、あの太平洋戦争を文字通り身をもって経験した世代と共有できる節目は、この「戦後七〇年」がおそらく最後となるだろうということです。

戦後八〇年は二〇二五年ですが、僕自身その年を迎えられるか否か、いささか心もとない気がします。終戦後の日本で小学生になった僕らの世代がそんな年齢なのですから、実際に兵士としてあの戦争に参加した世代などは、それこそ数えるほどしか存命されていないでしょう。

戦後八〇年ともなれば、いよいよあの戦争がこれまでの同時代史から歴史へと変化していく端境期も終わりになるのではという感を強くします。つまり、「戦後七〇年」は最後の同時代史としての節目だったということになります。

それともう一つは、いわゆる安全保障関連法案の法制化です。戦後の日本の安全保障については集団的自衛権を認めないとするものでしたが、今回の安保法制の成立によって限定的とはいえ、集団的自衛権を容認することになり、これまでの自衛隊をより実質的な軍事力として活動できるようにしました。

まさに戦後の安全保障政策の大転換が、この「戦後七〇年」に起こったわけです。

僕はそれを、単に政府が言うように「国際情勢の変化」からだけの要請だとは思いません。やはり、世代の大きな回転が大転換をもたらしたんだろうなあと。つまり、あの戦争の悲惨さを肌身で体験した世代がこのような転換への歯止め役になっていたことは事実でしょう。そういう世代が高齢化して表舞台から去っていくのと、軌を一にした動きともいえるのではないでしょうか。

左翼的な言辞を使うつもりはないけれど、やはり今回の安保法制が日本を「戦争できない国」から「戦争ができる国」へ本質的に切り替えるスイッチであったことは事実です。安倍首相はその言い方がお嫌いのようで、会見などではたびたび「戦争法案といったレッテル貼りを行うことは、根拠のない不安をあおろうとするものであり、まったく無責任である」と反論されています。

確かに野党のなかにはこの法案が抱える負の面を強調して政府を批判する向きがあるのでそれは違うよといいたいのでしょうが、自衛隊が手足を縛られて実態が「戦争できない国」だったからこそ、安全保障政策を転換させたわけですよね。

自衛隊員が直面する戦場

確かにこれまでの自衛隊は戦闘機から戦車、艦艇など世界的にみても高い軍事力を保持しています。ところが憲法九条があるために、ＰＫＯ活動への参加の際は特別措置法などをつくって、非戦闘地域とされる場所に限って活動してきました。もちろんそこが戦闘地域になれば、部隊を撤収しなくてはなりませんでした。

自衛隊員の武器の使用についてもさまざまな制限があり、また通常の軍隊であれば旧軍でいうところの軍法会議、すなわち軍事裁判所の設置も必要です。これは、戦場で軍律違反が起こった場合にいちいち本国へ容疑者の身柄を送って裁判にかけなくてはならないとなると不都合なので、軍に裁判権をもたせ、そこで審理するという仕組みです。

ところが日本の憲法では現行の裁判所以外に裁判権を認めていないため、日本の自衛隊には軍法会議がなく、もし命令違反などがあれば地方公務員法違反となり、通常の裁判所で裁判を受けるということになるそうです。

つまり、自衛隊は実質的な軍事力をもっていても、こうした実態が幾つもあることから、他国のような「軍隊」ではなかったのです。だからこそ戦後七〇年を通して一発も敵に実弾を発射することなくやってこれたわけで、自衛隊員の方々もそれは世界に誇っていいことだと思います。

でも、これからは違うようですね。仮に政府のいう状況で、PKO活動で味方の外国部隊が武装勢力の攻撃を受け、駆けつけ警護に望んだとします。武装勢力にしてみれば、オランダの部隊は攻撃するが日本の自衛隊は攻撃しないなんてことはありません。

そうなるとそこは戦場です。戦場では武力を使って攻撃してくる相手を自らの武力で制圧しない限り、自分たちの生命が危険にさらされます。ですから安保法制下の自衛隊員には、いつかは確実に敵である人間への実弾射撃が要求される場面が訪れることになるでしょう。政府はそんなことはないというでしょうけれど、それがこれから私たち日本人が直面する現実です。

酷な想像ですけど、そういった状況で自衛隊員に負傷者、ひいては死者が出ることだって現実に起こりうることです。命を落とす自衛隊員には家族がいるかもしれません。妻や子供たちはどう現実を受け入れるのだろうか、また今の自衛隊はそういった場合にどう戦没者を慰霊し、どう遺族のケアをしようとしているのでしょうか。

イラクに派遣された自衛隊員のなかに、帰国後にＰＴＳＤ（心的外傷後ストレス障害）に悩まされる隊員が少なくないという報道もありました。極度の緊張などによるものだそうですが、今度は戦地に駆けつけ、場合によっては敵を銃撃して殺傷したり、自軍に犠牲者が出ることだってありえます。そうなれば、これまで自衛隊が経験したことのない、精神的な負担が派遣自衛官らを襲うかもしれません。

日本人と「戦争観」

何だ、また否定的な話ばかりして、といわれる方もいらっしゃるでしょうけれど、軍隊が戦場に送られるということはそういうことです。

そんな情景を安保法制の審議のニュースを聞きながらつらつらと考えていると、やはり次々と思い出してしまうのです。僕がかつて取材した、多くの太平洋戦争に従軍した元兵士の方々のことを……。

僕がアポをとって取材のためご自宅にうかがうと、元兵士たちは決して家族がいる自宅では応対しようとしませんでした。とにかく家を出て、ときには近くの誰もいない川辺などに二人で腰を下ろして、ようやく胸のなかにしまっている話を引っ張りだすように話してくれたものです。

ある元兵士は戦地で多くの中国人を射殺した話を詳細にしてくれました。ある村で中国人の家族をスパイの可能性があるからと皆殺しにした、命令だから仕方なかった……。戦友会などではそういう話をすることもあるようですが、やはり家族には話していないし、絶対に聞かせたくないことでしょう。

別の元兵士は、食料のない戦地で自活のためにイモを栽培していたら、日本兵の集団が夜中に盗みにきて、畑を見張っていた仲間が殺されたという話をしてくれました。これは飢餓という極限の状況のなかで、仲間であるはずの日本兵同士が食料を巡って殺し合いをしたという、何とも後味の悪い話です。

戦場というのはまさに敵を殺すか自分が殺されるか、仲間をも踏み台にして自分が生き残れるか、それとも自分が死ぬか。それが現実なのです。みんな、戦地での現実を目の当たりにした人たちは、心に深い傷を負っています。それをケアするシステムは帝国陸軍にはなかったし、帰国した兵士らは細々と戦友会に顔を出し、そこで家族にも語れない戦場の記憶を語り合って、慰め合っていたんですね。

これから戦地に赴くかもしれない自衛官たちと、僕が出会ってきた太平洋戦争の従軍兵士たち。それがこの戦後七〇年で、地続きになってしまったような感覚を覚えました。

私たち日本人は今、重大な覚悟をもたなくてはならないときに差しかかっているのだろう、と。「国民の負託にこたえる」べく自衛官に戦地に赴いてもらうとき、日本人にまず問われるのは、私たちの「戦争観」です。

この「戦争観」は一言でいうのが難しいのですが、私たちが戦争というものをどう考えるか。政治・軍事指導者だけでなく、防衛省と自衛隊、そしてそれを取り巻く国民一人一人の軍事に対する考え方、とでもいうべきものです。もっとわかりやすくいうなら、日本人と軍事の関わり方、といってもいいかもしれません。

例えば政治の側はどんなときに安保法制に定められた「存立危機事態」や「武力行使の三要件」を判断し、自衛隊の実力行使を認めるのか。また、実際の現場を自衛隊はどうコントロールし、現場の指揮官はどのように部隊を運用するのか……。そしてその結果を政府や自衛隊はいかに総括し、国民に伝えるのか。さらには政府と自衛隊による結果報告を私たち国民がどう検証し、受け入れるのかといったことも、「戦争観」だと思います。

昭和史からの遺言として

ところが、今の日本人に自衛隊を戦地に送る際の「戦争観」がきちんとできあがっているとは到底思えないのです。何しろ憲法で戦争放棄を謳い、これまで戦争をせずにすんできた国なのですから。

例えばこれは新聞に出ていた話（毎日新聞二〇一六年六月七日付朝刊）ですが、自衛隊の戦傷医療が整備されておらず、このまま有事になって負傷した自衛官が助けられるのか、という問題提起をした記事でした。そもそも自衛隊が実際の戦闘を想定してこなかったことで現場での戦傷医療体制がかなり遅れており、実際に米軍で研修した元陸自衛生官の方が証言しておられますが、自衛隊の救急キットを見た米軍の関係者から「自衛隊は頼りにならない」と失望されたといいます。

つまり自衛官の戦闘での負傷は自衛隊にとって「想定外」だったわけです。どうも津波による電源喪失を想定外にしていたために起きた福島原発事故を思い出してしまう話ですが、もちろんそんな状態で戦地に自衛隊を送るようなことにでもなれば、食料・弾薬の補給のないまま兵士に戦闘をさせた帝国陸軍を笑えません。

こういうところも、私たちが問われる「戦争観」のひとつだと思います。僕が言いたいのはそこなんです。細かいところまで今こそ点検して、私たちの国が戦争できる国なのかどうかを考える必要があるのではないでしょうか。

実は今ほど、あの戦争から真の教訓を引き出して私たちが持つべき「戦争観」とは何かを、日本人が考えなくてはいけないときはないのではないかと思います。これまで太平洋戦争におけるさまざまな失敗と教訓をジャーナリズムやアカデミズムが研究してきました。その七〇年分の蓄積を無視して、私たちが「戦争観」をつくることはできません。

あの戦争には、日本人が集まって形成する組織の盲点や、思考の限界のようなものが凝縮されていると僕は思います。いわば、日本人の弱さのようなものです。そこには、いかに時間がたとうとも、日本人が組織を作るうえで陥りやすい、ある種の普遍的な真実が含まれているはずです。

僕はもう高齢ですから、これからの日本を見守る時間には限りがあります。戦後の社会のなかで長く苦しんだ元兵士たちや遺族の方々に数多く聞き書きをさせていただいてきた僕からすれば、日本が再び「戦争ができる国」になっていくのは、正直言ってやめたほうがいい、と思っています。

しかし、これからこの国を背負っていく世代がそれを選択するのであれば、それはそれ。ただし、過去の歴史をよく学んだうえで「戦争観」を国民が自らつくっていかなければなりません。

そのためのヒントになるかどうか、貴重な昭和史からの遺言として、ざっくばらんにお話ししてみたいと思います。

統帥権の誕生

まず、最初に考えてみたいのは、近代日本における政治と軍事の関係です。政軍関係ともいいますが、民主主義国家では主権者である国民が選挙で選んだ政治指導者＝文民と、軍事の専門職集団である常設軍の理想的な関係とは何かを研究する分野があります。例えばシビリアン・コントロール（文民統制）という考え方が代表的なもので、もちろん戦争になった場合には軍が最大限の力を発揮できるようにするため、文民はどのように協力したらいいのかを考える研究もあります。

欧米ではこうした研究がかなり深く行われていますが、日本ではどうも手薄だといわれます。やはり戦後ながらく軍事をタブーとする風潮があったために、研究者も二の足を踏んでしまうところがあったのでしょう。

しかし、安保法制以後の自衛隊はより活動範囲が広がり、ますます他国で運用されている軍隊と変わらない実力をもつようになっていくでしょう。なんといっても軍は警察が束になってもかなわない実力組織ですから、その組織を文民がいかにコントロールしていくか、大変重要な課題だと思います。

戦前の日本の政治と軍部の関係はどうだったでしょうか。政治が軍をコントロールする関係にあったでしょうか。

正解は「いいえ」ですね。むしろ軍が政治に介入する状態になり、政治は軍に対して無力でした。魔法の杖と化した統帥権が国を滅ぼした、とは司馬遼太郎さんの遺した名言ですが、それはどうして「魔法の杖」になってしまったのか、そのあたりを考えてみたいと思います。

そもそも「統帥権」とはなんぞや、という話をしますと、これは軍隊を指揮する権利です。例えば現在の自衛隊の最高指揮官は内閣総理大臣ですが、明治憲法の下では「天皇ハ陸海軍ヲ統帥ス」（同一一条）と、軍に対する指揮権は天皇の大権の一つでした。

維新政府ができたてのころ、政府にはまだ常設軍がありませんでした。そこで一八七一年（明治四）、西郷隆盛や山県有朋らによって土佐、薩摩、長州の藩兵から構成される「御親兵」、いわゆる天皇を護るための衛兵が置かれます。これが後の近衛兵であり、さらに帝国陸軍へとなっていく母体になります。

ただ、当時の御親兵は出身藩への帰属意識が高くて、政府からするといささか危なっかしい存在であり、その後は徴兵制によって兵を自前で育てていくという方針になります。

その後、一八七七年（明治一〇）には征韓論争などで下野した西郷隆盛と旧薩摩藩士族による最大規模の反乱、西南戦争が起こります。これを徴兵主体の政府軍が鎮圧するわけですが、終戦後、論功行賞に不満をもった近衛兵の集団が天皇にそれを直訴しようと皇居を襲撃するという竹橋事件が起こりました。まさに、軍の統制に重大な不備があることが露見したというかたちです。

ここで山県有朋は軍を政治に左右されない安定した存在にすべく、政治と軍事を切り離すという施策を講じるのです。参謀本部を置いて、天皇が直接軍の指揮権を行使するという、その後の「統帥権の独立」がここで生まれることになりました。

統帥権の独立が選択されたもう一つの背景に、当時広がりをみせていた自由民権運動があるのです。藩閥政治に対して憲法制定や国会開設を要求する運動で、板垣退助らの民撰議院設立建白を期に起こった民権論が不平士族から盛り上がり、国民運動に発展していったものです。

これがついには政治だけでなく、軍人にまで影響が拡大し、軍の政治的な中立を揺るがすのではないかと山県は憂慮したのです。軍人が民権運動に加担してクーデターでも起こしたら大変だというわけですね。

つまり、山県が統帥権を独立させた裏には、生まれてまもない不安定な組織だった当時の軍をなんとか統制しようという狙いがあったということです。それはそれで致し方なかったと思います。ところがそれは時が経つにつれて形骸化していき、ついには全く異なるかたちへと変貌していってしまうのです。

明治のシビリアン・コントロール

こうして日本の陸海軍は欧米に習いながら徐々に近代化し、組織や装備を拡大していきます。その過程で日本が経験した大きな対外戦争だったのが、明治期の日清戦争と日露戦争でしたね。

この二つの戦争に関して、政治と軍事の関係はどのようなものだったのでしょうか。ざつくりとした表現で恐縮ですが、昭和の戦争に比べればはるかにマシだったといいましょうか、政治が軍を一定の力でコントロールできていたんですね。

例えば大本営という戦時のための臨時機関があります。いわゆる「大本営発表」で知られるものですが、これは陸軍の参謀総長、海軍の軍令部長というツートップが天皇の幕僚として天皇を補佐し、大本営命令を下達する最高統帥機関です。これが日清戦争で初めて設置されたのですが、そこには首相、つまり文官トップだった伊藤博文が出席していました。つまり統帥権の独立とはいいながら、当時は政府の代表である総理大臣が軍事的な意思決定の最高機関に立ち会っていたのです。

日露戦争の大本営からは文官の参加はなくなったものの、元老になっていた伊藤博文や山県有朋、また桂太郎首相などには詳細な統帥の状況が伝えられていました。

この二つの戦争ではなぜ政治が軍をコントロールできたのか。アカデミズムにおける日本陸軍研究者である戸部良一さんによれば、統帥権の独立というシステムをつくった山県有朋らが当時は政治の中心にいて、制度上の限界も知っていたために必要に応じて制度を無視しても軍事に介入できたこと、また藩閥政治下では政治指導者層も武士出身で軍事にも精通しており、政治と軍事がその後のように分化されていない状態であったことをあげておられます。つまり江戸時代の〝含み資産〟があったのです。

こうした政治と軍事の関係が変容をきたし始めるのは、大正期に入ってからです。簡潔に申し上げれば、それまである意味でシビリアン・コントロールを担っていた藩閥の力がこのころから衰えをみせはじめ、一方で政治では政党勢力が力をもつようになります。また、軍事においては明治期に始まった陸海軍の将校養成システムである陸軍士官学校、陸軍大学校といった軍の教育機関のなかで育った軍人が、軍の中枢を占めていくようになるんですね。

つまり、藩閥のなかでは未分化だった政治と軍が、きっぱりと分化されるようになったということです。そうするとどのようなことが起こるか。例えば、軍人は軍の組織的なメリットを追求するようになるのです。

政治が軍部に与えた「魔法の杖」

軍部大臣現役武官制という制度が当時ありました。陸海軍大臣に就任できるのは現役の武官のみで、予備役であったり退役した軍人は大臣になれないという仕組みです。大正期に、伊藤や山県といった藩閥による政治支配を打破し、政党政治を実現しようという護憲運動が活発化します。これが頂点に達したのが一九一三年（大正二）の大正政変で、各地で騒擾事件が相次いだため桂太郎内閣が倒れます。

次いで組閣を命じられたのは山本権兵衛でしたが、政党からの強い要求もあり、現役武官制を改正して予備役など現役武官でなくても軍部大臣に就任できるかたちにしたのです。

この現役武官制というシステムは、軍にとっては政治に影響力を行使できる非常に有効な道具だったんですね。例えばある内閣で政府と軍部で何らかの対立があったとします。さらにその内閣に不満があれば、軍はその意志で軍部大臣を辞職させることができます。後任を軍が出さなければ、その内閣は総辞職に追い込まれることになるのです。

当時の内閣において首相はその他の閣僚と同じ立場でしかなく、首相が軍部大臣を指名しても就任には軍の同意を得る必要があるという仕組みの隙を突くようなやり方です。

でもそれを変えられてしまうと、軍の政治への影響力が低下してしまいます。それでこのあたりから、現役武官制を改正することは統帥権を害するものだという主張が、軍部から少しずつ出てくるようになるわけです。

それから昭和に入ってからの一九三〇年（昭和五）、浜口内閣がロンドン海軍軍縮会議で海軍の艦船に関する保有制限を受け入れます。当初の目標だった対英米比率を下回る数字で妥協した結果に対し、当時野党だった政友会や海軍軍令部などが条約の批准に猛反対し、海軍艦艇の保有量は統帥、つまり軍令部に関わる事項であるからその承認のない、政府だけの調印は天皇の統帥権を干犯するものだ、といういわゆる「統帥権干犯問題」が勃発しました。しまいには浜口雄幸首相が右翼の青年に狙撃されて重傷を負う事件まで起こり、浜口はその翌年に亡くなってしまうのです。

統帥権干犯という言葉が政治的に使われることになったのは、このときからといってもいいでしょう。それにしても、政党までもが軍部と一緒になって統帥権干犯を叫ぶとは……。政治の側が、軍部に対して統帥権という「魔法の杖」を率先して与えてしまったにひとしい行為です。ここから軍はことあるごとに統帥権を持ち出しては、「俺たちのやり方に口を挟むな」とばかりに暴走を始めるようになります。

東條はなぜ参謀総長を兼務したか

満蒙（中国東北部の満州と内モンゴル）を「日本の生命線」と位置づけた関東軍は一九三一年（昭和六）九月に柳条湖事件を起こし、次々に軍事侵攻を拡大していきました（満州事変）。若槻礼次郎内閣は不拡大方針を打ち出し、軍の中央も出先の関東軍を押さえようとしますが、この時に関東軍が反論の道具として持ち出したのも「統帥権の干犯」です。

こうして軍事が主導権を握り、それを政治が追認するしかない状況のまま、日本はその後、日中戦争、そして太平洋戦争へと突き進んでいくことになりました。

こうした視点であの三年八ヵ月におよんだ太平洋戦争を眺めてみると、やはり政治と軍事の関係に欠陥があったから、あのような戦争になってしまったのだとあらためて痛感します。

それを象徴するのが、開戦時の首相兼陸相だった東條英機が統帥部のトップである参謀総長を兼任した一件かもしれません。

昭和一八年後半になると、アメリカの本格的な反抗作戦がはじまります。中部太平洋のブーゲンビル島からギルバート諸島のマキン、タラワ、さらにはマーシャル諸島のクエゼリン、ルオット島へと上陸作戦を展開し、島々では日本の守備隊が次々に玉砕していきました。

ついには中部太平洋の海軍の一大拠点だったトラック島が昭和一九年二月、アメリカ軍による大がかりな爆撃を受け、艦隊泊地としての機能を喪失してしまいます。

トラック島を失えば、絶対国防圏の要衝であるサイパンなどのマリアナ諸島の防衛に支障が出るわけです。トラック爆撃のあった二月一八日の夕刻、陸軍省軍務局長だった佐藤賢了らが首相官邸にいた東條を訪れて、参謀本部から大量の船舶徴用の要請がきたことを伝えるんですね。このことを契機に、東條が参謀総長を自ら兼ねる方向に動き出したとされています。

東條の秘書官だった赤松貞雄という軍人に僕が詳しく聞いた話をひもとけば、首相であり陸軍大臣でもあった東條にすら、統帥部は戦況などを詳しく報告せず、東條もずいぶん困っていたといいます。例えばミッドウェー海戦が終わっても、その詳細な戦果などが海軍軍令部から知らされておらず、ある時に天皇から、ミッドウェーで海軍は空母四隻を失うなどかなり損害を受けたようだと教えられたという逸話もあります。

それで参謀本部などに確かめたら、実は……ということで大敗北を喫したということがようやくわかったような次第だったと。

やはりここでも、いや正確にはこの期におよんでも、統帥権という壁が立ちふさがっていたわけです。

軍事をコントロールできないという欠陥

海軍や陸軍の輸送船がそれまでかなり沈められていまして、民間船の徴用はガダルカナル島を巡る争奪戦以降、うなぎ上りに増えており、民需を圧迫する問題になっていました。例えば本土から南方の前線へ兵員や物資を運んでいって、帰りの輸送船が空っぽなら民需用の物資を積んで本土に戻るなど、合理的にやれればいいのです。ところが、赤松さんにいわせればそうはいかないのだと。徴用船を軍需用にまわしてしまえば、あとはもう統帥権にもとづく運用になってしまうため、首相兼陸相といえども、一切口を挟めなくなってしまうということでした。

おそらく東條もここまできて、思い切って国務と統帥の壁を取り払わなければ、戦争指導に重大な支障が出ると考えたのでしょう。首相、陸相に加えて参謀総長を兼務することは、まさに軍政と軍令の一体化です。明治の建軍以来、初の試みです。

当然ですが、東條の考えを木戸幸一から聞かされた天皇も「憲法に触れぬか」と不安を口にしていますし、周囲からも前代未聞だとする批判的な声があがりました。でも東條はそれを押し切って、杉山元を勇退させるかたちで参謀総長を兼任し、同様に嶋田海相に軍令部総長を兼任させるという、国務と統帥の一体化を押し切ったのです。

確かにこの一件は東條が敷いた独裁体制という批判がその後もつきまといましたし、そう見ることもできるでしょう。ただ、あえて別の見方をするなら、「統帥権の独立」が統合的な戦争指導の足を引っ張る役目すら果たしていた、という側面も浮かび上がってくるんじゃないでしょうか。

しかし、それは遅きに失したというべきでした。東條の参謀総長兼務は長くは続かず、サイパン陥落で天皇や重臣らの信を失って東條内閣が倒れ、小磯内閣になるとまた国務と統帥は分離されて元に戻ることになります。

こうして政治が軍をコントロールできずに講和への道筋を見つけられないまま、陸軍の「本土決戦によって日本に有利な状況を作り出す」という妄想のような考えに引きずられてついには広島、長崎への原爆投下、ソ連の参戦という事態を迎え、ようやく天皇の聖断によって戦争は終わりました。

こうして明治から昭和二〇年までの政治と軍事の関係を振り返って見ると、やはりそこに大きな欠陥が生じていたんですね。そのいびつな関係を最後に何とか制御し得たのは天皇だった、ということになります。

天皇はむしろ、大権者として政治的欠陥の矢面に立たされ、とてつもなく大きな精神的負担を強いられていた、といってもおかしくはありません。『昭和天皇実録』を読んでいくとわかることですが、統帥部は天皇にすら事実を正確に伝えていなかったのです。天皇は軍部のウソに気づき、真実を知ろうとアメリカからの短波放送に頼るような、恐ろしい状況になっていました。

この国の政治・軍事指導者たちはこうしたシステム上の不備に有効に対処できないいま、あの八月一五日を迎えることになったのです。

日本軍の異常な作戦

今までお話ししてきたのは指導者層の問題でした。ここからは軍事の階級的なランクでは下の方といったら失礼ですが、実際の戦闘にかかわった兵士たちや命令する立場の参謀本部、そして現場指揮官たちにまつわる話です。

日本軍がとった作戦や戦法には、独特なものがかなりありました。なかには例えば、開戦時の真珠湾攻撃で海軍の山本五十六が空母を集中的に運用し、航空兵力で米の太平洋艦隊を撃破するというような、軍事史的に先進性があったと評価されるものもあります。が、やはりどうしても目につくのは現地の兵士たちに常識を超える過酷さを経験させる結果となった、反省すべき作戦の数々です。

補給（兵站）の軽視という実態もこれまで数多く指摘されてきたことです。とにかく現地に兵隊とわずかな食料、弾薬だけ送って、あとは自活して戦えという戦場が多すぎました。「餓島」と呼ばれたガダルカナルの戦いを皮切りに、「地獄」と形容されたニューギニア戦線、至るところに行き倒れになった日本兵の骨が散乱していたことから形容された「白骨街道」のインパール作戦……。それらの戦場で亡くなった兵士たちの大半が戦闘による戦死ではなく、餓死や病死だったという実態があります。

ちなみにインパール作戦では三個師団を中心に総兵力一〇万余名が投入されたものの、戦死者三万、戦傷者四万という惨憺たる結果です。そのうち一個師団を率いていた佐藤幸徳という師団長がいましたが、補給がないことに激怒して、ついには独断で退却を命じるという陸軍はじまって以来の抗命事件まで起こりました。

僕が今でもはっきり憶えているのは、インパール作戦に従軍した元兵士たちに何人も会って取材したときのことです。お会いして話をしはじめたあたりは皆さんごく温厚で、好々爺然といった方々なのです。ところが、あの作戦の立案者で第一五軍司令官だった牟田口廉也の名前を僕が口にしたとたん、まるで別人になったかのように顔が真っ赤になって……。口々に「アイツと会ったら刺し違えてやる！」とか、「なぜ彼が畳の上で死ねるんですか！」と、圧倒されるほどの凄まじい怒りをあらわにされ、それはこちらが腰を抜かすほどの迫力でした。

自分たちがどれほど地獄のような体験をさせられたか、戦後数十年たった時点でも、その怒りが表に出るほどの戦場だったのかと思わされた出来事でした。

作戦を立案するのは参謀本部の高級参謀たちです。陸軍大学校を卒業した彼らの配属先はその成績順によって大体は決まっていて、トップクラスの五人は作戦課、その下が情報課。一番下の方が兵站課です。陸軍内では上から下まで兵站を下に見る風潮があったんですね。

ノモンハン事件とガダルカナルの共通点

まさにエリート中のエリートともいえる作戦参謀らがどうして無謀ともいえる作戦を強

行し、常識はずれの死者を出すような結果を生んだのでしょうか。軍人教育の弊害、画一的な教育内容など、これまでもさまざまにそれは論じられてきました。

例えばガダルカナルの戦いがあります。海軍がソロモン諸島のガダルカナル島に航空基地を建設していたところ、できあがったのを偵察で見届けた米軍が一九四二年(昭和一七)八月に大挙して上陸を開始し、あっというまに占領されてしまうのです。陸軍はまったく知らない話でしたが、海軍から要請を受けて同島を奪還することが決まり、たいした相手ではないだろうと判断した大本営参謀らが約一〇〇〇名の一木支隊を上陸させます。

一木支隊は得意の夜襲による白兵銃剣突撃をしますが、一晩でまさかの全滅を喫しました。以後も川口支隊四〇〇〇名、そして今度は第二師団一万名を逐次投入して同様の夜戦を試みるも、米軍の猛火に阻まれて撃退されてしまいます。米軍に制空権を握られたガダルカナルに補給は届かず、二万余の敗残将兵らは食べるものもなく、次々に餓死、戦病死していきました。

この作戦を参謀本部で指揮したのは作戦課長の服部卓四郎であり、服部に命じられて現地で指導したのが作戦班長の辻政信なのです。

この二人、その前の一九三九年（昭和一四）に起こったモンゴルと満州国の国境紛争であるノモンハン事件を指揮した当事者コンビでもあるんですね。

もともとノモンハンのある草原地帯は満州国とモンゴルの国境が確定していない場所で、同年五月にそこを流れるハルハ川を越えて入ってきたモンゴル軍に対し、関東軍が出動して攻撃を加えたことに端を発します。するとモンゴル側から今度はソ連軍の大規模な機械化部隊が応援にきて、関東軍の第二三師団との間で戦闘状態になったんです。最新式の戦車や火砲、戦闘機まで揃えたソ連軍に対して第二三師団は白兵銃剣突撃を敢行し、約六万人のうち三割もの戦死傷者を出す結果となりました。

その原因は敵情を十分に把握することなく、主観で敵を過小評価したことにあるとされています。しかも関東軍が軍中央の意向を聞かずに独断専行したことに昭和天皇も強い不信感を示し、ノモンハン事件は一大不祥事として関係者に厳しい処分が下されることになり、服部と辻も左遷させられました。

ところが反省もつかの間、二人はすぐに復帰して参謀本部に戻ってしまうのです。

結局、ガダルカナルも米軍の守備兵力を過小に見積もっており、まさにノモンハンの再現のような戦いになってしまいました。辻政信がよく口にしたのは「必勝の信念」や「突撃精神」です。それがあれば敵がいかに優勢であろうとも勝てるのだ、という考え方なんですね。確かにそれが真理なら、作戦こそがすべてであり、情報も兵站もたいした意味はもたないということになるのでしょうけれど。

戦争目的なき「駆け込み戦争」

旧軍の精神主義への傾倒はあのような無謀な戦い方をさせた元凶として今に語り継がれているわけですが、ただ威勢のいいことを言う参謀の意見が合理的な反対論を押さえてまかり通り、またそういう人物が組織の上層部から重用され続けるというような、組織のあり方こそに問題があったのではないでしょうか。

あの戦争でそういった無茶な作戦が次々に実行された理由の大きな背景に、あの戦争が一種の「駆け込み戦争」だったことがあるのではないかと僕は考えています。要するにあの戦争は虎視眈々と緻密な侵略計画を立てて起こしたものではなく、外交的に追い込まれてあわてて準備して始めた戦争だったということです。だからいたるところに綻びがありました。

例えば「開戦の詔書」を読んでみると、この戦争の目的が何なのか、どこにも書いてないのです。書いてあるのは、日本はあくまで平和を望んだけれど、米英はその意志をくむことなく、日本が聖戦として行っている日中戦争で不義をなした。米英に屈服を迫られている日本としてはもはや自存自衛のため、戦争を始める以外にない、ということだけです。

よく保守系の政治家が太平洋戦争について「あれは自存自衛のための戦争だった」と発言するたびに、中国などから「いや、あれは侵略戦争じゃないか」と反発が起こりますね。確かに戦争の性格は自衛的なのですが、「自存」のために東南アジアなどを武力で侵略して資源を確保しようとしたのは間違いないんですから、そういわれるのは仕方ないのです。

これもまた保守の方々がよく口にされる主張に「日本が欧米の植民地だったアジアを解放した」というのがありますが、それほど誇らしげにいえる話なのかどうか。だって、「開戦の詔書」にそういう主張が入っていたのならともかく、一言もそんなことは謳われていないのですから。

確かに独立のための軍事指導を一部の軍人が現地人にしたり、インドネシアなどでは終戦後に独立運動に加わった元日本人兵士がいたことは事実ですが、それらはあくまでも一部の動きで、日本が国家として行ったことではないのです。

あくまでも当時の日本の国家意志は、東南アジア一帯の欧米勢力を一掃してその原油や鉄鉱石など工業資源を確保し、米英に対して長期不敗態勢を維持する、というものでした。

特殊な国防戦略の綻び

日本の当時の勢力圏も、今考えてみればどうしてそこまで広げたのかと首を傾げたくなるようなところがあります。北はアリューシャン列島のアッツ、キスカから東は中部太平洋のソロモン諸島ガダルカナル。そして南はニューギニアの北側から東南アジアのジャワ島など蘭領インドネシア、西はビルマ。そういった広大な地域の島々に守備隊を配置し、加えて中国戦線あり、ソ連の南下に備える関東軍あり……。よくここまで広げたものだと思います。

こんなに広い勢力圏をつくってしまったのは、戦略というよりも日本人のなかに昔から遺伝子のようにある「外敵への怖れ」からかもしれません。

作家の半藤一利さんが面白いことをおっしゃっていて、日本は大国のロシアが怖いからといって朝鮮半島を確保し、それでも足りないので今度は朝鮮を守るために満州を、すると満州が危ないから今度は内モンゴルをという、「外に外にと出て行く国防戦略」なのだと。それが陸軍だけじゃなくて、海軍はマリアナ諸島に基地をつくると、それが不安だからとトラック島に手を広げ、今度はトラックを守るにはラバウルに前線基地を……という具合にどんどん広がっていく。まあ、単純といえば単純、典型的な不安症から生じた「戦略」です。

でも、勢力圏を広げれば広げるほど、補給が大変になるのは自明の理です。現地に駐屯する部隊の食料、弾薬から基地設営、陣地構築に必要なセメントなどの物資、航空機の燃料などを定期的に輸送しなくてはいけませんから。

もちろん輸送船だって燃料が必要です。そういった兵站も含めて、どれほど現実的にあれだけの勢力圏を維持しようとしていたのか、そこがよくわからないところでもあります。

ただ、その綻びが現れたのが、アッツ島の玉砕だったともいえます。

そもそも北海道の知床半島から二〇〇〇キロ以上も離れたアッツ島になぜ日本軍が守備隊を置いたのかといいますと、米ソがもし軍事提携をした場合にアリューシャン列島が連絡路になるだろうと予想したんですね。つまり米ソ間の遮断と、アメリカがここに航空基地を置いて日本本土を爆撃しないよう、その予防のためにアッツ島と、それよりアラスカ側のキスカ島を昭和一七年六月に占領しました。

両島を管轄する北部軍司令官の樋口季一郎という軍人がいました。この樋口が大本営に、この島を航空基地とするのか、それとも米軍を食い止めるための要塞にするのか、方針をはっきりしてくれと聞いているんです。つまり、大本営は命令を出して二島を確保したけれど、それをどう活用するのかがはっきり決まっていなかったようなのです。

アッツに約二六〇〇名、キスカには約六〇〇〇名の守備隊が置かれましたが、樋口はとてもこの要員で守りきれないからと、増員を大本営に打診します。でも大本営は要請を却下しました。理由はミッドウェー海戦での敗北やガダルカナル島争奪戦による、予想外の船舶の損耗でした。

アッツ守備隊はなぜ玉砕したか

そこに昭和一八年五月、一万人を超える米軍が圧倒的な物量をもってアッツ島に上陸してきたのです。

敵上陸の電文を受けた樋口は、海軍に艦艇を派遣するよう要求するから全力で戦ってくれと守備隊に返電し、大本営にも掛け合いました。

ところが大本営は上陸から六日後、アッツ島の「放棄」を決定します。参謀次長が樋口のところを訪れて、援軍の逆上陸には海軍の協力が必要だが、海軍は北方の作戦に協力する余裕がない、したがって援軍の派遣は中止すると。樋口は「アッツの守備隊を見殺しにするのか」と強く食い下がったのですが、参謀次長は「そうせざるを得ない」と言って黙り込んでしまいます。樋口はそれを聞いて男泣きに泣いたそうですが。

ただこのときに樋口がアッツ島の放棄をのむ条件としてキスカ守備隊の撤収に海軍の協力を求め、海軍がそれには応じたので後のキスカ撤退作戦につながるのです。

樋口より救援作戦の中止、「一死国難に殉ぜられたし」との電文を受け取ったアッツ守備隊長の山崎保代大佐は「謹んで御意図に基づき行動する」と返電しました。圧倒的な米軍に対してアッツ守備隊は一九日間も持ちこたえ、ついには山崎隊長を先頭に一五〇名の生存兵が最後の突撃を敢行し、全滅するにいたったのです。

この事実を、大本営が国民に知らせる際に使用した言葉が「玉砕」でした。

「アッツ島守備隊は（中略）五月十九日夜、敵主力部隊に対し最後の鉄槌を下し、皇軍の真髄を発揮せんと決意し、全力を挙げて壮烈なる攻撃を敢行せり。爾後通信全く途絶、全員玉砕せるものと認む」（五月三〇日付　大本営発表）

発表を受けた新聞各紙も、

「山崎部隊長ら全将兵　壮絶・夜襲を敢行玉砕」（朝日新聞）

「二萬の敵大軍に突入　大打撃與へ全員玉砕」（毎日新聞）

といった具合に、大々的に「玉砕」という言葉を見出しに使って報道しました。アッツ守備隊は「一兵も増援を求めず」、「戦陣訓を実践」して「皇軍の真髄を発揮」したと新聞は伝えました。

アッツ玉砕は戦争美談となり、健闘を称える本がいくつも出版され、レコードまで発売されました。

参謀本部が見殺しにした戦場

僕はこの「玉砕」という言葉ほど、自分たち（大本営）の失態をウソで覆い隠した表現はないと思っています。

樋口司令官の言葉通り、アッツ守備隊は大本営から「見殺し」にされたのです。自分たちが作戦を立てて将兵を孤島に送り込んでおいて、敵が来たけど戦況が変わって助けられなくなったから、後はお前たちだけで全滅するまで戦えとは、なんと無責任極まりない姿勢でしょうか。

欧米では、もちろん国によっても違いはありますが一般的に部隊のおよそ三割の兵士が負傷ないし戦死すると、その部隊は全滅と判断されて交代の対象になります。もちろん敵に包囲されていれば、堂々と投降します。捕虜になることは不名誉なことではないのです。これは、不必要に兵を損耗させることが互いに合理的な結果をもたらさないという教訓から導きだされた軍事的な常識といえます。

日本だって、日露戦争のころは国際的な協定を遵守して、捕虜にはそれなりの処遇を与えて諸外国からも評価されていたのです。ところが昭和の戦争では、皇軍は「生きて虜囚の辱めを受けず」の戦陣訓通り、捕虜になりそうになったら自決するんだと。自分たちが捕虜にならないのだから、敵の捕虜には何をしてもいいのだという論理がまかり通るようになってしまいました。

アッツ島を皮切りに、米軍が上陸してきた太平洋の島々では、明らかに劣勢な日本軍の守備隊が撤退も許されず、増援もないなかで次々に「全員壮烈なる戦死」という結末を迎えました。

東京の三宅坂にあった参謀本部の作戦参謀たちは現場を見てないから平気でそんな命令

を出し、発表できるんですね。ところが、現地の部隊長らはどうだったのでしょうか。彼らは平気で玉砕命令を部下の将兵に下せたのでしょうか。

僕は、そうではなかったと思います。玉砕した部隊の関係者に話を聞いたり、彼らの遺した手記などを読んでいくと、部下たちに非情な命令を出さなければならなかった部隊長らにも、深い苦悩があったことをうかがわせる話がいくつもでてきます。

玉砕命令を出した後、部隊長が姿を消したケースというのも見受けられます。これは自分だけ逃げたとかそういうことではなく、全員に死を強要する非情な命令に対する抗議の意志だったのではないかと僕は思います。また、命令した部下に対する申し訳なさもあって、彼らは部下のいないところでひっそりと自決したんだろうと。生き残った元部下たちも、あの隊長は大変部下思いの人だった、だからそうしたのではないかと語るんですね。

消された幹部候補生学校の解説文

話は変わりまして二〇一六年一月のことですけど、産経新聞に興味深い記事が出ていました。福岡県にある陸上自衛隊の幹部候補生学校に、この学校の年間行事として鹿児島県の知覧特攻平和会館などを訪問する研修があるんだそうです。その「知覧研修」がどのような意図、内容なのか、同校の公式ホームページに解説があり、そこに次のようなことが書かれていたそうです。

「現在の学校の歴史教育は、史実、特に大東亜戦争に至った経緯や戦後の占領政策等を故意に削除するか、正しく伝えていない面が多く、隣国に過度に配慮した自虐的史観に覆われている」

そのうえで、

「多くの若者たちが日本民族の伝統や文化に誇りを持ち難い状況を呈している」

と指摘していた、というんですね。

これらの記述は知覧研修の担当教官が書いたもので、防衛省は「省の公式見解ではない」とコメントをしていました。外部からの指摘があってホームページの記述はすぐに削除され、現在は読めなくなっているそうです。

記事だけでは全貌がよくわからなかったので、同校ホームページにあった「知覧研修」の解説の全文を読んでみたのです。

そもそもこの知覧研修が同校で実施されるようになったのは一九九六年（平成八）のことです。きっかけは、一九九二年に成立したＰＫＯ協力法案による、自衛隊の海外派遣だとされています。つまり、自衛隊の活動が海外に広がったことで「隊員の生命が危険に晒される度合いと頻度が格段に高まり、幹部自衛官の使命感や死生観を初級幹部の段階で、それも、努めて早期に確立する必要性が高まった」（同ＨＰより）ことから、当時の学校長が幹部候補生らに死生観を体得させるにはどんな研修がいいかと検討したところ、志願兵で編成された特攻基地が選ばれたそうです。

特攻基地訪問と自衛官の「死生観」

「知覧研修の狙い」として、「特攻隊員の遺書・遺影等から自衛官という職業の本質を肌で感じさせ（中略）使命感、死生観及び愛国心の涵養に資する」「特攻隊員の自己犠牲を伴う献身の精神は、『質実剛健にして清廉高潔』たる校風に酷似した気風で涵養されたであろう事に鑑み、幹部候補生学校の校風が効果的な武人育成に理のあることを認識させる」「感謝の念を持って英霊を慰め、世界の恒久平和を祈念し、これが実現のため誠実に職務を遂行する事を誓わせる」「自衛官という職業を選択する意義と誇りを堅持させ、不動の決意を固めさせる」の四つが特にあげられています。

続けて、知覧研修実施にあたっての基本的な考え方として、この研修の意義やどんなことを候補生たちに学んでほしいかが項目別に詳しく述べられています。産経新聞の記事で触れられていた一文は、そのなかの「正しい歴史認識を持つこと」と題された項目にあるものです。その部分をもう少し詳しく、筆者の意図が正確に伝わるように引用してみます。

「現在の学校の歴史教育は、史実、特に大東亜戦争に至った経緯や戦後の占領政策等を故意に削除するか、正しく伝えていない面が多く、隣国に過度に配慮した自虐的史観に覆われているため、多くの若者達が日本民族の伝統や文化に誇りを持ち難い状況を呈している。従って、日本人の伝統的美徳や倫理観が継承されずに腐朽し、愛国心すら希薄になってきているが、そうした影響を受けた若者達が、幹部候補生学校に入校していることは現実として認識しなければならない」

「残念なことであるが、義務教育等では、平和教育という名のもとで、或いは一部のメディアや評論家達が、沖縄戦等での特攻作戦、散華された英霊や生き残った特攻隊員を誹謗中傷する言動や報道がいまだになされ、こうした影響を受け疑問を抱く候補生が少なからずいることを承知しておかなければならないし、また、本研修間にそうした質問が投げ掛けられることを予期しておかなければならない」

こう指摘したうえで、知覧研修担当者に対して当時の世界情勢や特攻作戦に関する文献・資料を熟読して正しい歴史認識をもちなさいとか、質問してくる候補生らに対しては

「憂国の至情に燃えて散華された特攻勇士が、平和な日本再建への先駆けとなったという事実」を強調しなさいと指導しているのです。

自衛隊幹部が悩む愛国心教育

僕はこれを読んでみて、あまり驚かなかったというか、今の自衛隊という組織のなかで、現実にどう対応していったらいいのか、もがいているところがあるんだなという感想をもちました。なぜ驚かなかったのかということでいえば、こうした自衛隊幹部の「困惑」を、実際に聞かされたことがあるからです。

かれこれ一〇年以上も前ですが、自衛隊の防衛大学校卒業生らを対象に旧日本軍に関する講演を依頼されたことがあり、それが終わった後、中堅の幹部の皆さんと食事をご一緒したのです。そのときに、少しお酒も入った席でしたので本音が出たのか、ある年配の方がこんな話を切り出されました。

「私たちも若い自衛官に、いざというとき『国のために命をかける』覚悟を持てと説いているが、愛国心という言葉も今どきの若者にはピンとこないようで困っている。そう考えると昔の『天皇のために死ぬ』ということがいかに便利でわかりやすい台詞だったかがよくわかる。『天皇』の一言のなかには、国家そのものも、故郷も、家族も、日本人もすべて含まれているからだ」

確かに、今の自衛隊が置かれている現実のことを考えると、幹部の方々が若い自衛官にどういった死生観を持ってもらい、より死の危険が高くなる現場へ赴いてもらうのか、頭を悩ませていることはよくわかります。それも、僕が最初にお話しした日本人の戦争観のひとつだと思います。

また、戦後の自衛隊は戦争を経験していませんから、そういった事例を過去に求めようとすれば、どうしてもかつての陸海軍に範を求めざるをえないこともわかります。

声高にこの「知覧研修」の意義を書いた担当教官を責めるつもりはありませんが、多少昭和史を学んできた僕に言わせてもらえるなら、特攻なら特攻の一面だけを取り上げて幹部自衛官に「意義と誇り」を涵養しようというのは、やはり無理があるだろうと思います。

特攻隊員たちが書き残した遺書を読めば、僕だって涙が出ます。若い自衛官だってみんなそうでしょう。そうやって感情を強く揺さぶられた後に、教官から「特攻隊員たちはみな国のために身を捧げ、現在の平和な日本があるのも彼らのおかげである」と説かれたら、歴史を知らない幹部候補生たちのなかにはそう信じてしまう者も出てくるかもしれません。

神話化されていく「特攻隊」

あの戦争のなかでも、特攻ほど解釈が両極端に分かれる史実はないといってもいいでしょう。保守の立場からは英雄視、つまり特攻隊員たちの崇高な自己犠牲があって、そのうえに戦後の日本の繁栄があるのだ、という解釈がなされます。一方で左翼の側からは、彼らは国家から「犬死に」を強制されたかわいそうな若者たち、という解釈が昔からされてきました。

くり返しになりますが、僕はそのどちらの解釈にも賛同しません。そのどちらの側に立っても、あのような遺書を遺して飛び立っていった特攻隊員たちへの本当の弔いにはならないと考えるからです。そんな一面的な解釈で満足している人たちには、もっと特攻についてきちんと書を読むなりしなさいと言いたいくらいです。

確かに知覧の特攻平和会館などに展示されている遺書には、自己犠牲を受け入れ、父母や恋人、妻や幼い子どもたちへの慈愛あふれる決別の意志が数多く記されています。国家が滅亡に瀕し、もはやこのような手段でしか対抗できないという状況下で、それぞれの特攻隊員らは自己の利益よりも国に殉ずることを選んだ……。

でもそれは、いってみれば史実の「神話化」です。

ある整備兵は、出撃の際に恐怖から失禁したり、失神してしまった特攻隊員が少なからずいたと証言しています。そうした搭乗員らを、整備兵たちが無理矢理抱えながらコックピットに乗せたそうです。僕が話を聞いた元整備兵の方は、そのことが生涯の心の傷だと話しました。自分たちが当時はよかれと思ってしたことだけど、もしかしたら彼らは生き残って戦後、別なかたちで社会に貢献できたかもしれなかったのに、という思いがあるんですね。

敵艦に突入する最後の電信で、海軍や司令部に対してそれこそとても書き残せないような怨嗟の数々をぶつけた特攻隊員たちもいました。これは現地の司令部で数々の通信を聞いていた立場の人物が私家版の書でそう書き残している話です。

特攻の創始者とされている大西滝治郎が昭和二〇年二月、千葉県の海軍の詰所で隊長らを集めて総特攻作戦を実施することを伝えたときのことです。大勢のなかでただ一人、手をあげて「納得できない。搭乗員が一〇〇％死ぬような作戦を部下に命令することはできない」と強硬に反対意見を述べた人物がいます。芙蓉部隊の指揮官だった美濃部正という少尉でした。

大西は「わかった。今晩俺の部屋に来い」といい、美濃部はその夜、大西の部屋へ赴きました。大西という人は豪快なようですが、酒が一滴も飲めませんでした。美濃部も飲めなかったので、二人は朝までお茶を飲みながら話し続けたんだそうです。

大西が特に美濃部に語ったのは、自分もこのような作戦には「絶対反対」だったと。だが事がここにいたってはやらなくてはならないのだ、もちろん自分も行くし最後は天皇陛下にも特攻機に乗ってもらう覚悟だ、という話だったそうです。

美濃部の回想によれば、ただ一人反対意見を言ったときは銃殺を覚悟して、緊張と恐怖で着ていたシャツが皮膚にくっつくほどだった、ということです。

この美濃部という人物は実に合理的な考えの人で、熟練のパイロットをそのような作戦に使うことの無意味さを主張したんですね。その信念通り、最後まで自分の隊から特攻を出すことを拒否し続けました。

あるとき、海軍で「赤トンボ」と呼ばれていた旧式の練習機があり、それも特攻に使うという話を聞かされてやはり美濃部が反対し、「ここにおられる人たち五〇名で赤トンボに乗ってきてください、私は一機で全部撃ち落としてみせます」と言い切ったエピソードも残しています。赤トンボのスピードが当時の米軍新鋭機の半分程度しかない実態に即して、上層部の無謀な作戦を諫めようとしたのです。

自衛隊の学校で特攻について教えるなら、僕はこの美濃部少尉のケースこそ教えるべきじゃないかと思うんですが。もちろん軍にとって命令は絶対、命令違反は軍法会議にかけられることになります。でも、その命令そのものが軍事常識を逸脱するものだったらどうするのか……。美濃部少尉の一件は、命令への服従はどこまでを範囲とするのかなど、むしろ格好の教材になるのではないでしょうか。

自決しなかった司令官たち

また、そのような「十死零生」という命令を下した当時の司令官たちの身の振る舞い方にも、大いに問題があるんですね。例えば今話した大西滝治郎などは終戦の翌日、官舎で割腹自殺を遂げています。海軍では沖縄戦での特攻を指揮した宇垣纏中将も、終戦の日に部下を引き連れて特攻死しています。彼らはどちらかというと、「最後は俺も行く」と言って多数の特攻隊員らを送り出した責任を、身をもってとった、といえます。

ところが、お前たちだけを行かせはしない、俺も最後に特攻出撃するといって送り出しながら、戦後も生き続けた司令官もいたのです。陸軍の特攻を指揮した菅原道大中将（第六航空軍司令官）や冨永恭次中将（第四航空軍司令官）などが有名なところです。

冨永はフィリピン戦のときに陸軍として初めての特攻である「万朶隊」を出撃させた司令官ですが、レイテ島が米軍の手に落ち、その矛先がルソン島に向くと何とマニラから台湾へ独断で撤退してしまうのです。まさに敵前逃亡とされても仕方ない行為で、戦後になっても兵士たちの笑い草になりました。

それが問題となって予備役編入となるのですが、すぐ召集されて満州の関東軍配属となり、終戦後はシベリアに抑留されて日本に帰還しています。

こんな司令官は、無責任にもほどがあると僕ですら腹が立ちます。何も死ぬことが責任を果たす最良の手段とはいわないけれど、少なくとも特攻という非情な作戦を命令した立場であったら、大西や宇垣のような責任のとり方しかなかった。せめて腹ぐらい切れよと言いたいくらいです。

特攻については話が尽きませんが、僕が言いたいのは彼らが英雄だったとか、無駄死にだとかの単純な話ではないということです。戦争のある局面において、決死隊のような戦術がとられるケースは世界の戦史にも少なからずあるのですが、特攻の異様さは兵士に一〇〇%の死を要求しただけでなく、それが「通常の作戦」としてくり返しかつ大規模に行われた点にあります。

自衛官の方々にも、特攻について学ぶのであれば表層的な話ではなく、もっと深く、総合的に学んでもらいたい、というのが僕の希望です。単純に旧軍の精神に範を求めるのではなく、旧軍の史実への反省、教訓を導きだして、それに立脚した新しい「戦争観」を考えなくてはならないと思うのです。

日本人が「戦争観」をもつために

私たちの国はあの時代、なぜあれほど無謀な戦争をやってしまったのか。原因はさまざまあるけれど、やはり根本的なところにあるのは、この国が独自の「軍事学」をつくり出せなかったところにあるんだろうなあと、しみじみ思わされます。

どこの国でも、みなそれぞれ独自の軍事学をもっています。アメリカにはアメリカの、フランスにはフランスの、それぞれの国の価値観や国柄、歴史的経験、国民性などが反映されたものです。

日本は明治以降、ヨーロッパ式の国軍を組織し、陸軍はフランスやドイツ、海軍はイギリスから急速にそのシステムの導入を行います。ただ、これは軍事に限りませんが、日本は近代化をあまりにも急ぎすぎました。

見かけの装備や組織はそれなりに真似できても、システムを動かすために必要な思想、すなわち「軍事学」であり僕がいうところの「戦争観」ですが、それは真似できなかった。思想とはそもそも真似するものではなく、自らでつくるものです。それができずに、いわば未熟な戦争観のまま対外戦争に乗り出すことになってしまったのがあの戦争の本質だろうと思います。このあたりについては本書最後の「あとがきにかえて」でもっと詳しくまとめさせていただきました。

太平洋戦争の教訓として語られる大きなもののひとつに、日本軍の度を超えた精神主義というものがありますね。昭和天皇も、『昭和天皇独白録』のなかで太平洋戦争の四つの敗因の一つとして次のように指摘しています。

「余りに精神に重きを置き過ぎて科学の力を軽視したこと」

米軍の重火器の弾雨のなかを、なぜ日本軍はワンパターンの白兵銃剣突撃をくり返し、いたずらに戦死者の山を築いてしまったのでしょうか。

実は、白兵突撃や攻撃精神の重視を教訓化したのは、日露戦争を経た後からだといいます。そのあたりをとてもよく解説している戸部良一さんの『逆説の軍隊』によれば、日露戦争以前の歩兵操典では、歩兵の戦いでも火力が勝敗を決めると、当然のことが書かれていたといいます。

しかし日露戦争でそれを実践してみたら、火力は案外に有効とはいえず、白兵突撃でも日本軍は相当な苦戦をしいられてしまう。要するに、当時の日本軍は勇猛果敢というより、消極的なせいで勝機を逃す傾向にあったと分析されたんですね。

つまり攻撃精神が足りなかったという理由から、白兵重視と攻撃精神の重要性が教訓化されたわけです。

ところが時を経るにしたがって白兵重視の教訓の理由はどこかに忘れられてしまい、強国であるロシアに日本が勝てたのは火力の不利を精神力で補ったからだという「神話」にすり替わってしまったと。それがついには、太平洋戦争で米軍の物量に対して精神力で打ち勝つのだという話になっていってしまった……。

僕はよく、日本軍の病理として、自身の主観的願望を客観的事実にすり替えてしまうことがあったとこれまで指摘してきましたけれど、この精神主義にもそれが言えるような気がします。

政治が軍事をコントロールできなかったこと、そして一〇〇％の死を要求した特攻や玉砕を行ったこと、また、二〇世紀の戦争における最低限の国際ルールを守らなかったこと。僕はこの三つの点を、日本が太平洋戦争で犯した大きな錯誤だったと考えています。少なくともこの三点を日本人が徹底的に総括し、二度とこのような誤りを犯さないという深い反省とそのための国家としてのフィードバックを行わない限り、この国で軍隊を保有してはいけないとすら思っているんです。

それは今からでも決して遅くはありません。これからの日本が自衛隊を軍隊として運用していくことを考えるなら、なおさらこの三点の過去の錯誤に立ち返り、その教訓に立脚した新しい戦争観を私たちは創っていかなければならないでしょう。

大事なことは、それを自衛隊まかせにして私たち国民は何もしなくていいということではないということ。なぜなら、かつての旧軍は大権者である天皇が指揮する「天皇の軍隊」

でしたが、戦後の自衛隊は国民が選挙で選んだ文民（内閣総理大臣）が指揮する「国民の自衛隊」なんですから。

だから自衛隊が自衛官に対する「死生観」や「愛国心」をどう教えるのかということは、国民が知らなくてはいけないことだし、むしろ国民と自衛隊がこういった問題に一緒になって考えなくてはいけないことです。逆にいうなら、そういった共同作業を経なければ、私たちが共有できる「戦争観」をつくり出せないのではないか……そう思うんですね。

日本人の「戦没者への補償と追悼」を問う

議論が始まった自衛隊「戦死者」への補償と追悼

戦後七〇年（二〇一五）は、私事で恐縮な話ですが、七五年余の人生を振り返っても実に忙しい年でした。

何しろ全国各地から終戦七〇年にちなんだ講演の依頼をいただき、北は北海道から南は鹿児島まで……。年齢的にも体力が落ちてきていますが、せっかくの依頼は体力が続く限り、なるべくお引き受けしようと思い、あちこちでお話しさせていただきました。師走のある一日、いったい今年は何回講演をしたのかなと思い、数えてみたら優に一二〇回を超えておりました。

本業である執筆も、新聞や雑誌の連載だけでなく原稿依頼も数多く、そこに書籍も加わりまして、もうその日に何を食べたのかも思い出せないほど。妻を亡くしてからは娘が身の回りの世話を手伝ってくれているのですが、申し訳ないので夕食をレストランでごちそうしたら、僕が食べている姿を見て「お父さんはどうして掃除機みたいに食べるの？　もっと食事を楽しんだらいいのに」と、あきれたようにボソッとつぶやくのです。

こういうのも世代間のギャップなのでしょうね。僕らの子どもの頃は終戦直後で食べるものも満足になかったから、とにかく食べられるものは何でも、急いで食べる習慣が身についてしまっているんだけれど、それにしても「掃除機」などと言われると、あたっているなあと思いつつ、ちょっとガックリします。

それはさておき、戦後七〇年にあった仕事の依頼のなかで、大変驚いたものがあります。これはある月刊誌からの要望でしたが、天皇・皇后のお二人がパラオのペリリュー島を慰霊訪問されるのにあわせて僕に現地で、ルポを書いてほしいというものでした。

担当編集者が調べてくれたところによると、ペリリュー島には宿泊施設がなく、当初は現地で宿泊する場合にはどこかの空き地にテントを張って野営するしかないとの話。それでも行ってくれませんかという、担当編集者の熱意には感服しましたけど、さすがにこの年での野宿には自信がなく、残念ながら断念せざるをえませんでした。

でも、天皇があれほどご高齢にもかかわらず海外にまで足をのばしてあの戦争の戦没者への追悼をされている姿を見るにつけ、あれから七〇年という長い歳月が過ぎようとも、まだまだ戦後は続いているんだなあという感慨を強くいたします。

戦死者、戦没者への慰霊、追悼というものを、私たち日本人はどう考えていくべきなのか。これは何も過去の話ではなく、これからの時代にこそますます重要な問題になってくるのではないでしょうか。安保関連法案の成立により、これからの日本では現実的に戦死者が出ることがありうるからです。

実際に、防衛省などで内々にどのような補償、追悼がふさわしいかを巡り、さまざまな動きが起こっていることが新聞報道などで伝えられるようになりました。

「戦死」と「殉職」の違い

例えば、自衛官が国連のＰＫＯなどで派遣され、今までより危険な戦闘地域に出て任務にあたる場合に、銃撃や爆弾で負傷したり、ときには命を落とすことだってありうるでしょう。そういった場合にまず必要になるのは、補償の問題です。

これまで、自衛官が公務中に負傷・死亡した場合には、「賞恤金《しょうじゅつ》」という弔慰金が支払われることが訓令で定められています。

隊員が「一身の危険を顧みることなく職務を遂行し、そのため死亡し、又は障害の状態になったときは、功労の程度に応じ」て授与できるとされており、安保法制を受けてこの賞恤金の額をもっと引き上げようという検討がなされていると、新聞などでも報じられました。

このあたりは国民があまり理解していないところではないかと思いますが、そもそも自衛隊に「戦死」という概念が存在しないんです。なぜなら、憲法九条で戦争放棄を謳っているところもあり、「戦死」は起こり得ない、つまり「戦死」は想定外となっているわけです。

現行の制度だと、例えば国連のＰＫＯ任務で戦闘に巻き込まれて犠牲者が出るとすると、それは訓練中の事故などによる公務死（殉職）と同じ扱いで対応することになるというんですね。

ところが安保法制ができて、より危険性の高い地域での任務が現実味を帯びてくると、戦地での「戦死」がこれまでの殉職と同列でいいのか、という議論が起こってくるようになったのです。

確かに海外の軍隊を見回しても、戦死者に対する補償はいわゆる殉職よりも一段手厚くされている傾向があります。予備自衛官らで構成されている「隊友会」という団体がありますが、その政策提言書にも次のような一文があります。

「これまで任務遂行中に銃砲弾に斃れることが無かったのは幸いでしたが、欧米各国はＰＫＯ派遣における犠牲者を「殉職」ではなく「戦死」として認定し、国家として特段の敬意を表明しています」（『平成二四年　政策提言書』交易社団法人隊友会）

こんなところに、実際の戦闘で発生した犠牲者を事故死などと同列の殉職扱いにするのはどうか、「戦死」という「国家による特段の敬意」が必要ではないか、という自衛隊関係者の本音が出ているのだと思います。

こうした賞恤金のほかに、戦前の軍人恩給のような制度の導入についても検討されはじめている、というニュースも報じられています。

自衛官の立場になって考えてみれば、危険な任務を果たさなければならないときに、自分の身にもしものことがあった場合に家族はきちんと暮らしていけるのかという不安が頭をよぎるはずです。僕自身、あの戦争で命を落とした兵士の遺族たちにも数多く話を聞いてきたこともあり、残された家族の悲しみ、苦しみがどれほどのものか、よくわかります。「名誉の戦死」より、経済的な不安のほうがある意味で切実な問題です。

そんな現場に国家が自衛官らを従事させるときに、十分な敬意や補償がなければ、命令される一般兵士としての自衛官も、また命令を下す側の部隊長にしても躊躇してしまうようなことが起こる……。こうした現実がすぐ目の前に迫るなかで、現場の自衛官にあるべき補償とは何なのか、私たち日本人が無関心でいることは許されないはずです。

旧軍の恩給の仕組み

恩給という制度はどのようなものだったのか、若い人などは知らないと思いますのでおおまかにお話ししますと、明治八年（一八七五）に陸軍、海軍の恩給制度が相次いで制定されました。その後、文官（公務員）に拡大され、大正一三年（一九二四）に公務員ごとに制定されていたものをひとつに統合した恩給法が制定されます。恩給というのは、「国家に身体、生命を捧げて尽くすべき関係にあった」公務員がその公務中に死亡したり傷病で退職した場合に、本人とその遺族を対象に生活の支えとして給付する、国家補償を性格とする年金制度です。

終戦後、昭和二一年にＧＨＱの意向で傷病恩給を除いて軍人軍属への恩給制度は廃止されてしまいます。一般の公務員の恩給に関してはその後新しい国家公務員共済組合法ができてそちらに移行されることになりましたが、軍人恩給に関しては占領期を終えた昭和二八年に復活され、戦前の恩給法の趣旨に則ったかたちで運用されることになりました。

この軍人恩給の仕組みですが、まず在職期間が一二年以上（準仕官以上は一三年以上）となる軍人が支給の対象となる普通恩給と、公務が原因での傷病などに対する増加恩給、障害年金などの傷病恩給に大別されます。普通恩給はいわば老齢年金、傷病恩給は今でいう障害年金なんですね。

例えば普通恩給の支給条件を満たしていて、なおかつ戦地で負傷してしまい、障害が残ったというケースであれば、普通恩給に傷病恩給が加算されて支給されます。受給者本人が亡くなった場合は、その遺族に対して給付されます。

もちろん、戦地と定められた場所での戦闘で負傷し、それがもとで死亡した「戦死（公務傷病死）」と認定されれば、その遺族には「公務扶助料」が支払われます。

また普通恩給の仕組みとしまして、退職時の俸給から支給額を計算するため、当然ながら階級が上の軍人ほど支給額は高く、俗に言う「赤紙一枚」で召集された末端の兵士は一番少なくなります。総務省が公表している「恩給年額一覧表」（平成二八年度）によれば、旧軍人の仮定俸給年額で見ると、大将だったら約八三三万円、最下級の兵は約一四六万円とされており、実に五倍近い差がありますね。

僕が昔、軍人恩給のあり方について疑問点などを月刊誌に書いたことがありました。すると、軍人軍属恩給欠格者全国連盟（以下、軍欠連）という団体の方からご連絡をいただき、お話をうかがう機会がありました。

この軍欠連という団体は、恩給の支給条件に該当せず、恩給を受けられなかった元軍人・軍属の方々でつくられていた会でした。

公務員に手厚い恩給の矛盾

先ほどお話ししたように、普通恩給は在職期間が一二年以上ないと支給されません。ただそこに加算制度というのがあって、「戦地」として指定された戦場に赴任した軍人らには、在職期間が加算されることになっていました。

「戦務・甲」「戦務・乙」「事変」「抑留」という四つのランクがあって、要するに一番上が激戦地なのです。例えば戦務についた地域が太平洋戦争期間中でいえば太平洋の島嶼地域であったり、フィリピンやニューギニア、マレー半島、ビルマなどであれば、それは「戦務・甲」とされ、そこに実際にいた期間を、一ヵ月を三ヵ月として加算できる、ということなのです。

ちなみに「戦務・乙」と「事変」は一ヵ月が二ヵ月に加算され、「抑留」は加算なし、となっていました。「抑留」というのは、例えばフィリピンなどで終戦、武装解除を経て連合軍によって抑留され、本土に復員するまでの期間を指し、その期間も加算されるということです。

軍欠連の方々というのは、その加算をしても一二年に満たず、恩給を受給できないとされた方々なのです。

もちろん、どこかで線引きしないと無制限に支給しなくてはならなくなります。特にあの戦争では膨大な数の人々を召集しましたから恩給支給額も巨額となり、戦後の貧弱な国家財政を圧迫して「恩給によって国が滅ぶ」とまでいわれたほどでした。

でも軍欠連の会員の個別の話を聞いていくと、やっぱり制度そのもののおかしさというか、矛盾を感じたのです。

例えば、太平洋の島々で所属部隊が玉砕してしまったというケースがあります。玉砕命令が現地の司令官から出されれば後は指揮系統も崩壊してしまいますし、陣中日誌などの公的な記録も残っていない場合がほとんどです。

要するに、玉砕から辛うじて生き残って恩給を申請しようとしたら、自分がどこにどれだけの期間いたかを証明してくれるものが何もない、ということが起こるのです。役所からは、では証人になってくれる同じ部隊のほかの生存者を探してこいといわれてしまうんです。こういうケースはかなりあったはずです。それであちこちの戦友会を訪ねて仲間を探した元兵士も多かったのです。

ひどい話ですけど、これだけではありません。

彼らの感じていた不平等感の最たるものは、戦後に公務員になった人たちには、戦前の軍での在職期間が公務員の年金に通算される仕組みになっていることなんです。

これは戦後の公務員の年金制度である旧共済年金制度が、元来が公務員（軍人、文官など）を対象としてきた恩給制度を引き継いだ格好になっているためです。しかし、戦後の民間企業の厚生年金や国民年金は対象が公務員ではないので、軍の在職期間分は加算されません。

法制度的には確かにそうかもしれないけれど、公務員だけに軍歴が加算され、民間企業や自営業に加算されないのは不平等感が拭えません。しかも、なかには支給条件の一二年にたった一ヵ月足りないばかりに恩給が受けられない人もおり、それはなおさらだと思いました。

補償問題をこじらせた「無責任な戦争」

彼ら軍欠連の会員らの主張は、国の命令で同じ戦場で戦いながら、わずかな年限の差によって恩給による補償を受けられたり受けられなかったりすることの不平等についてなんです。

先ほどの、たった一ヵ月足りなくて恩給がもらえないという方の詳細な軍歴を見て、恩給をもらえた側の元兵士が「これはあまりにもかわいそうだ」と憤慨するぐらいなのですから。もちろん、なかにはうまいことつじつまを合わせて一二年になるようにした猛者たちもいたそうですが、正直者がバカを見るというのはまさにこのことかと……。

こうした、「在職一二年以上」の壁で恩給を受け取れなかった人たちが平成元年の調査では二五三万人以上もいたんですね。

僕が当時、軍欠連の関係者からうかがった「心の叫び」ともいえる言葉を紹介します。

「私たちがいいたいのは、国家は戦争というシステムが五十年後、百年後にも影響を与えるということを知らないのではないかということです。軍人は戦闘は知ろうとしたけれど、戦争は知らなかったということをいいたいが、こうした矛盾したシステムをつくりあげるなら、次の世代に国のいうことを聞いて戦争になど決して行くなと私たちはいいたいですね」


確かにそのとおりだなと思います。

僕自身も納得できないのは、非常識な作戦を強攻して多くの兵士を死に至らしめた大本営参謀らに多額の恩給が支払われ、それを実行させられた兵士らはその参謀たちよりも恩給が少ないというシステムのあり方です。

戦後に恩給が復活する際の議論のなかでは、確かにあの戦争の実態を踏まえると、従来の階級別の俸給に基づく支給はおかしいのではないか、階級差なく全員同額にすべきではといった意見もあったそうです。僕もそうすべきだったと思いますが、結局は戦前の制度がほぼそのまま戦後も続く結果となりました。

あの戦争の結果に重大な責任があるはずの東條英機元首相は階級が大将でしたから、その遺族にもっとも高額な恩給が支給されるという事実にやりきれない矛盾を感じますし、多くの末端兵士らが感じたであろう矛盾を戦後の日本は総括できなかった、ということに尽きるのではないでしょうか。

逆にいうなら、兵士たちに対する国家補償にすらここまで異論が出てしまうような、無責任な戦争をこの国はやってしまったということなんでしょうね。こんなところにも、当時の軍事指導者らの「戦争観」の根本的な誤り、つまりは思想や理念のなさを感じざるをえません。

糸口の見えない「戦没者」追悼施設のあり方

さて、補償のあり方をめぐる話と同様に、戦死者に対する慰霊や追悼はどうあるべきかという議論も、昨年ぐらいから出てくるようになりました。

毎日新聞が二〇一五年の夏に「戦後七〇年のこれまで・これから」と題した大型の連載をやっていて、そのなかに「『国家と死』をどう考えるか」というテーマでこの追悼について取り上げていました。

なかなか読ませる記事でしたのでかいつまんでご紹介すると、イラクに派遣された自衛隊先遣隊長だった佐藤正久氏（現参議院議員）が当時の防衛庁に対して、もし死者が出たら靖国神社に祀ることはできるのかと問い合わせたところ、防衛庁側は「戦死者ではないのでできない」と答えたんだそうです。

ここのところの理屈が面白いといったら語弊がありますが、つまりＰＫＯ協力法では自衛隊がＰＫＯに参加するために満たすべき「参加五原則」という条件があり、「紛争当事者間の停戦合意が成立していること」とあります。よって自衛隊が参加するのは「非戦闘地域」というわけですから、非戦闘地域での「戦死者」はありえないということになるわけです。

記事では自衛隊の任務が拡大されつつあるなかで、死者が出た場合に国がどう追悼するのかが定まっていない現状を指摘していきます。現在のところ、もし戦死者が出た場合は防衛省（市ヶ谷）内にあるメモリアルゾーンと呼ばれる追悼施設で慰霊行事などが行われることになっているようですが、何しろ防衛省の敷地にあるため誰もが自由に訪問できるところではなく、追悼のあり方としてこれでいいのかどうか、安保法制を契機に政府や自衛隊関係者の間でさまざまな議論があることを伝えています。

この問題も、先ほどの補償の話と同じで、政府や自衛隊だけでなく国民全体で考えるべき重要な問題だと僕は思います。でも、どうも政府は戦死者が出るかもしれない現実を国民になるべく伝えないようにしているように見受けられるんですね。まあ、それが国民的議論になれば選挙の票が減ることを恐れているのでしょうけれど。

何も日本という国のそういう姿勢というのは今に始まったことではないんです。戦後、憲法九条のもとで日本は戦争を放棄して以来、一人の戦死者も出していないということになっていますが、実は戦死者がいて、それが長年隠蔽され続けた事実があります。

隠され続けた戦後の「戦死者」

昭和二〇年の終戦後、日本の周りの海には戦時中に敷設された膨大な数の機雷が放置されたままになっていました。それが海上交通の妨げになっているというので、海上保安庁の前身である海上警備隊が掃海部隊をつくって、残留機雷の撤去を行うことになりました。危険な任務ですからこの掃海部隊だけで八〇名近い殉職者を出しているのですが、折しもこのころ朝鮮戦争が起こります。朝鮮半島周辺の海域では北朝鮮軍側が機雷を敷設したため、米軍艦艇がそれに触れて被害を受けるケースが相次ぎ、米軍の作戦に支障をきたすようになってしまったんですね。

そこでGHQが、占領下の日本政府に対して朝鮮半島近海の機雷掃海に日本の部隊を派遣するよう要求してきました。時の首相は吉田茂でしたが、当時は何分にも占領下でしたから、やむを得ないというかたちで部隊の出動を命じたのです。

派遣部隊は「特別掃海隊」と名付けられ、二〇隻の掃海艇で昭和二五年（一九五〇）一〇月からその任に就きました。ところが一〇月一七日、現在の北朝鮮の元山市がある永興湾周辺で特別掃海隊の一隊が活動中、ある掃海艇が機雷に触れて沈没してしまい、中谷坂太郎さんという乗組員が亡くなってしまったのです。

この中谷さんの死は、国連軍と北朝鮮軍が戦闘を行っている「戦地」での出来事ですから、まさに「戦死」ということになります。

報告を受けた時の吉田茂首相は、これは大変なことになったと思ったでしょう。だって、戦地に日本の掃海部隊が派遣されて戦死者が出たなどということが公になれば憲法九条に関わる大問題になることは必至ですから、吉田首相は派遣の事実も、死者が出た事実も含めて一切を秘密にしたのです。

戦後初めてで最後ともいえる中谷さんの死はそのまま封印され、彼に対して戦没者叙勲が授与されたのは昭和五四年、その死から三〇年ほどたった後のことでした。

そして戦後七〇年を迎えた二〇一五年、政府は集団的自衛権の行使容認に大きく舵を切ったにもかかわらず、当の安倍政権ですら自衛隊員に戦死者が出るかもしれないという現実にピリピリしているというわけです。

昔も今もあまり変わりはありません。これは軍隊ではないといって自衛隊をつくり、戦闘地域ではないといってＰＫＯを海外に派遣してきた、言い方は悪いけど黒を白と言い続けてきた空間が、戦死者が出た瞬間に一気に崩れてしまうことへの「怖れ」がこの国にはあります。こうした綱渡りの論理が続いているというのが現実です。

靖国神社はどう生まれたか

またここで昭和史に立ち返って、戦前の日本において戦没者への追悼はどう行われていたのかを確認しておきたいと思います。

まずはその象徴的な施設といえる、靖国神社における戦没者の慰霊のあり方について簡単に振り返ってみましょう。

靖国神社とは明治二年、新政府軍（官軍）と旧幕府勢力との間で続いていた戊辰戦争が終結した折に、明治天皇による発議で招魂社として創建されたのがはじまりとされています。戦争などの国事で命を落とした人びとの霊を祀るための神社として生まれた、日本の長い神社史からみればごく新しい神社で、明治一二年に靖国神社と名を変えて今にいたっているわけです。

明治以降の国家神道の時代のなかで、靖国神社は当時の社格制度においては功臣を祀る別格官幣社、例えば徳川家康を祀る東照宮や楠木正成の湊川神社などと同格の神社に位置づけられまして、天皇が主宰し陸海軍が所管する特殊な神社として存在するようになりました。

戦争、戦役で戦没者が出ると、陸海軍省の大臣官房内に各部将校を委員とする合祀の審査委員会（委員長は高級副官）が設置されます。そこで当該戦役に参加した部隊長や司令官などからの報告を受けて合祀すべきかどうかを審査し、陸海軍大臣がその結果を天皇に上奏して、天皇の裁可を得て合祀者が決まるという仕組みでした。合祀者の名前は官報でも告示され、合祀祭を執り行ったといいます。

先ほどの戊辰戦争から太平洋戦争まで、二四六万柱を超える戦没者がこの靖国神社に祀られてきました。

終戦後、ＧＨＱによって政教分離の精神が新憲法に盛り込まれることになり国家神道が否定され、新たに制定された宗教法人法によって靖国神社はかつての特別な存在から一宗教法人へとその位置づけを大きく変更されました。

それでも昭和天皇は戦後もしばらくの間、靖国神社での参拝を続けていましたし、新たに太平洋戦争時の戦没者が確認されると、復員省、後に引揚援護庁、厚生省引揚援護局へと名前は変わりますが、そこが戦没者の名簿を靖国神社へ渡すということが慣行化されていました。役所が個人情報を一宗教法人に流すというのは現在なら大問題になるところでしょうけれど、引揚援護局というのは旧軍人グループで構成されていたこともあり、黙認されていたということなのでしょう。

そして戦没者名簿を受け取った靖国神社側がそれを上奏簿に記載して御所に届けるということも慣習になっていたようです。つまり、戦後も合法的な範囲で、戦前の戦没者に対する慰霊のかたちを続けていたということなんですね。

昭和五〇年代に入って、靖国そのものが国際的な関心事に変貌していきます。きっかけは昭和五三年（一九七八）にＡ級戦犯ら一四名を靖国神社が合祀していた事実が報道で明らかにされたことでした。

A級戦犯合祀が招いたこと

実はそれ以前に、ＢＣ級戦犯として裁かれた人びとについてはすでに靖国神社に合祀されていたんです。その際には特に問題になることもなく、まあＢＣ級の裁判は実際のところかなりずさんで、この人物が本当に死刑に相当するのかというようなケースも少なくなかったので、靖国に祀られることが国民的にも許容されるものだったといえるのではないでしょうか。

ところがＡ級戦犯もとなると、そうはいかなかったんですね。

そのあたりの経緯をかいつまんでお話しすると、Ａ級戦犯の合祀についての動きはそれ以前からあったのです。ところが当時の筑波藤麿という宮司がそれに「待った」をかけていた。おそらく、Ａ級戦犯合祀をしたらその後に起こるであろう、さまざまな問題を予想していたのでしょう。

その筑波が昭和五三年に亡くなり、代わって宮司になったのが松平永芳という人物です。この松平が宮司になったのはその年の七月で、なんとそれからたった三ヵ月後の同年一〇月にA級戦犯の合祀を執り行ったというわけです。

当然ですが、合祀の前にA級戦犯の名簿を合祀対象として上奏簿に記入したうえで、それは宮中に提出されています。

このとき、侍従次長だった徳川義寛が「これは問題になるのではないか」と強い不快感を靖国神社側へ伝えたそうですが、松平宮司は合祀の事実は公にせず、遺族のみに伝えるとして、合祀を強行してしまったのです。

昭和天皇も実際のところ、靖国神社を最後に参拝したのが昭和五〇年一一月二一日、それ以降は参拝していません。昭和天皇が参拝しなくなったのは、A級戦犯の合祀があったからだろうと推測されてきましたが、別の説もあり、真相は不明とされてきました。

そこに飛び出したのが二〇〇六年七月、日本経済新聞が大々的に報じた「富田メモ」の存在でした。昭和五三年から一〇年間、宮内庁長官だった富田朝彦氏が生前につけていた私的なメモで、そこに昭和天皇がA級戦犯の合祀に不快感を示していたことを裏づける記述があったんですね。これにより、昭和天皇が昭和五〇年を最後に靖国神社へ行かなくなった理由が少しずつ明らかになったというわけです。

つけ加えておきますと、このスクープの際に、日本経済新聞社内に富田メモに関する検証委員会がつくられました。僕もその委員の一人になったのですが、このメモを発見した同紙の井上亮記者は史料の分析にあたって大きな役割を果たしてくれました。僕もこの富田メモの内容を確かめる作業に加わりながら、昭和天皇が富田に対し、靖国神社のA級戦犯合祀について激しい言葉で不満を漏らしていたことを知りました。

A級戦犯の合祀が公になったということは、靖国神社への参拝が立場によっては政治問題、はたまた外交問題になることを意味します。

これまで毎年、終戦記念日などに政治家が靖国神社に参拝へ行くと記者が取り囲んで「公式参拝ですか、それとも非公式（私人として）ですか」と聞くあの光景がおなじみですが、公式な参拝とした場合、憲法の政教分離に反するのではないかという観点からこれまで国を相手取った数多くの裁判が提起されるなどしてきました。

また、昭和六〇年に当時の中曽根康弘首相が総理大臣として初めての公式参拝を行った後に、中国外務省がそれを非難する声明を出し、靖国神社への参拝がともすれば外交問題に発展する事態になることがわかりました。

中曽根首相は翌年の参拝を中国へ配慮して見送っていますが、小泉純一郎首相のころから盛んにいわれるようになった、特に中国、韓国の「靖国カード」といわれる外交的切り札を、A級戦犯の合祀が与えてしまった格好になりました。

天皇が靖国神社を参拝しなくなった理由

小泉さんは中国からの非難を「内政干渉だ」とつっぱねましたけど、中国などからすれば、日本の首相や政府高官が靖国神社を参拝すれば、日本という国は東京裁判の結果を受け入れて国際社会に復帰したはずなのに、今度は過去を否定しようとしていると国際社会にアピールして、賛同をとりつけやすいという政治的利点があるわけです。

政治家ならまだ「私人」でという立場がありますが、天皇の場合は私人格がありませんから参拝すなわち公式参拝となってしまいます。

A級戦犯の合祀が公になった後に、もし天皇が靖国神社へ参拝に赴いたらどんなことになっていたでしょうか。それこそ軍国主義の復活だとか、天皇の歴史認識を問われるような事態になり、国内だけでなく中国や韓国、アメリカも巻き込む大変な問題に発展していたかもしれません。

だからこそ昭和天皇はA級戦犯の合祀に不快感をもち、それはしないように侍従などから靖国神社側へ暗にその考えを伝えていたのではないでしょうか。

昭和天皇はおそらく、戦没者への契として靖国神社への参拝を続けたかったはずです。ですから靖国神社のA級戦犯合祀は、結果的に天皇の参拝そのものまでできなくさせてしまった、ということになります。

靖国神社がA級戦犯を合祀した理由は、彼らも戦争の犠牲者なのだから合祀してやらなければかわいそうだ、というものです。僕も、その考え方がまったくわからないわけではないけれど、やはり無理があるだろうというのが正直な思いです。

いや、もし本当にそれなりの論拠をもってA級戦犯の合祀は正しいのだ、靖国に公式参拝することがなぜいけないのだといえるだけのものがあればいいんです。それがあるならいかに外国から非難されようと、堂々とこちらの論理をもって総理大臣が公式参拝したらいいと思います。

でも僕が多くの関係者の話を聞いたり資料を読んだりしてきた限り、納得できる説明に出合ったことがないのです。

かつて靖国神社の遊就館は日米開戦の経緯について「ルーズベルトの大戦略　ルーズベルトに残されていた道は資源に乏しい日本を禁輸で追いつめて開戦を強要することだった」「参戦によって米経済は完全に復興した」と陰謀論めいた記述のパネルを設置していまして、それが報道されてアメリカ政府がクレームをつける事態になると、慌てて修正しています。

またA級戦犯を合祀した松平宮司の考え方は、軍事としての戦争は八月一五日もしくは九月二日で終わったが、政治的な意味での戦争はサンフランシスコ講和条約が発効した昭和二七年四月二八日まで続いていたというもので、つまり処刑された戦犯らは継続していた戦争中の犠牲者だとするものです。

本当にそれらが正論だと信じるならアメリカからクレームをつけられても撤回するべき

ではなかったし、松平宮司の考え方だって諸外国に対して堂々と論陣を張るべきではないでしょうか。

どうも僕には、戦争に負けた国の側が裏でヒソヒソと「いや、自分たちの戦争は正しかったんだ」とやっているだけのように見えてならないのです。

もちろん東京裁判で裁かれた戦犯たちは、日本の国内法による刑法犯ではなく「法務死」とされ、遺族には恩給も出ています。また保守派の方々からは東京裁判のあり方を巡って批判が数多く提起されていますけど、いずれにしても日本が東京裁判の結果を国として受け入れて国際社会に復帰したという歴史的史実は動かしようがないのです。

千鳥ヶ淵戦没者墓苑とは何か

靖国神社の経緯の次は、国立の戦没者慰霊施設として知られる千鳥ヶ淵戦没者墓苑について考えてみたいと思います。

この戦没者墓苑が完成したのは昭和三四年です。もともと日中戦争以降の戦没者で遺族が見つからず、引き取り手のない遺骨が厚生省内に保管されていたそうですが、戦後も戦場になった場所に残された膨大な数の日本兵や軍属らの遺骨がそのままになっていました。

日本が国として、そうした遺骨を収集できるようになったのは講和条約で国際社会に再び復帰して以降のことです。でも、身元を示すような遺品と一緒に見つかった場合はともかく、多くは身元不明で、これらの遺骨を安置する施設を国が責任をもってつくる必要が出てきたんですね。

こうして建設されたのが千鳥ヶ淵の国立墓苑で、各戦友会や厚生省の遺骨収集事業によってこの墓苑に安置された遺骨はおよそ三六万柱とされています。

そもそもこの墓苑と靖国神社はどう違うのかというと、簡単にいうなら千鳥ヶ淵戦没者墓苑は遺族がみつからず、引き取り手のない戦没者の遺骨を納めるための施設であり、靖国神社は戦没者を祭神として祀るところ、ということになります。

もっとわかりやすく比較するなら、靖国神社は宗教法人なので文部科学省が所管する施設ですが、千鳥ヶ淵墓苑は宗教法人ではなく、厚生労働省が所管しています。

従いまして、千鳥ヶ淵の墓苑にはまったくといっていいほど宗教色がありません。一万六〇〇〇平方メートルほどの広大な公園の真ん中に六角堂があり、そこには昭和天皇が下賜された納骨壷が陶棺に納められています。追悼に訪れる人は、そこでどのような宗教の形式を行ってもいいのです。仏教式でも、神道式でも、キリスト教式でもかまいません。

この墓苑について、靖国神社側はその建設前から煙たがっていたというか、戦没者追悼の場を自分たちに取って代わられるのではないかという危惧を抱いていたようです。計画段階のヒアリングの際にもそうした意見を述べていましたし、日本遺族会とともに、墓苑は靖国神社の敷地内につくるべきだとも主張していましたから。

でも、国立墓苑を宗教法人の敷地に建てるとなると、やはり「国及びその機関は、宗教教育その他いかなる宗教的活動もしてはならない」とする憲法第二〇条の政教分離の原則にかかわる問題になりますね。そんな事情もあり、国としてかかわるのはあくまでも収集した無名戦没者の遺骨を安置する施設（墓苑）をこの千鳥ヶ淵に建立することまでで、慰霊や追悼の方法は訪問者の自由にまかせる、というかたちになったわけです。

二〇〇〇年代の国立追悼施設をめぐる議論

日本における戦没者の追悼施設として代表的な靖国神社と千鳥ヶ淵墓苑のこれまでの経緯を見てきました。これら以外にも、靖国神社と性格が似た、各県にある護国神社もあります。

靖国神社での参拝が政治問題化して以降、あらたな国立の戦没者追悼施設をつくるべきかどうかという議論が起こるようになりました。つまり、戦没者への追悼という国内の話が国際問題になったことで円滑にできなくなってきたため、国際問題の部分を切り離すことで解決しよう、そのために靖国神社とは違う新しい国家的追悼施設をつくろうという考え方です。

小泉純一郎内閣のときにそれを検討するための有識者による諮問機関（「追悼・平和祈念のための記念碑等施設のあり方を考える懇談会」）が設置されまして、二〇〇二年に報告書がまとめられました。

そこで提言された「追悼・平和祈念施設」とは、「明治維新以降に日本の係わった戦争における死没者、及び戦後は、日本の平和と独立を守り国の安全を保ための活動や日本の係わる国際平和のための活動における死没者」を追悼するものとされ、また追悼の対象を戦死者だけでなく空襲などで命を落とした民間人、また日本がかかわった戦争で命を落とした外国の将兵・民間人も区別せずに含めようという内容でした。

もちろん政教分離の原則からその施設は特定の宗教性を排除した場所であることが謳われています。さらにこの施設は靖国神社のように「個々の死没者を奉慰（慰霊）・顕彰」するものではなく、「遺族に引き渡すことができない戦没者の遺骨を納めるために国が設けた」千鳥ヶ淵戦没者墓苑ともその意義や施設の趣旨、目的が異なるため、両者の存在意義を損なうものではないとも主張されています。

要は、靖国神社をこの施設が代替するものではないよ、まったく別のものだよということを言っているのです。

しかし、この国立追悼施設についてはもっぱら靖国神社擁護派から激しい批判の声が寄せられました。批判の象徴的なものは、あらたな追悼施設によって靖国神社の存在が形骸化してしまうのではないかという意見です。

また、当時は出征兵士たちに、戦死したら靖国神社で英霊として祀ることを国が約束したのだから、あらたな追悼施設をつくることは英霊に対する裏切りだ、というものもありました。

こうした批判も根強かったため、国立追悼施設をめぐる議論は下火になったまま現在に至っているという状況なんですね。

靖国神社が合祀できない人々

でも僕の考えを述べさせていただくなら、これまでの過去の戦没者への追悼と、これからの日本でもしかしたら生まれるかもしれない戦没者たちへの追悼をつなぐような、新しい施設は必要だろうと思うのです。

靖国神社にそれができるのかと考えると、やはり難しいでしょう。

その理由は、靖国神社の「合祀規準」、つまりはこの神社が英霊として顕彰しようとする対象が限定されていることにあると思うのです。

先ほど触れた、朝鮮戦争での機雷掃海中に「戦死」された中谷坂太郎さんもそうです。この中谷さんのご遺族が靖国神社に合祀を申請したところ、朝鮮戦争は合祀の対象外だとして申請を拒否した事実があります。

おそらく、靖国神社は合祀の対象を「大東亜戦争まで」としており、朝鮮戦争は日本が国家として主体的に参加した戦争ではないことから、そういう判断になったと考えられます。

中谷さんのケースだけでなく、有名なところでは西郷隆盛だって合祀されていませんね。会津藩の白虎隊や新撰組など、いわば当時の官軍と戦った「賊軍」とされた人たちはみな、靖国神社には祀られていないのです。まあ、こうした人たちも靖国で合祀すべきだという運動もあるので、神社側が今後どう判断するかはわかりませんけれど。

ここで忘れてはならないのは、靖国神社は単に戦没者を顕彰する場所ではなく、あくまでも「天皇のために」命を落とした人たちを英霊として祀る神社なのだという点なのです。

こうした靖国問題について、島薗進さんという宗教学者の方が新聞のインタビューで興味深い談話を寄せておられます。島薗さんは靖国神社が国際問題になって以降、日本人にとって正当な行為であるはずの参拝が外国の反対でできなくなっているという印象がつくり出されて本来の国内問題の側面が見過ごされている、と指摘します。その「本来の国内問題」とは何か、次のように解説してくれます。

「国家神道と呼ばれた、特定の宗教的な信仰や思想が背後に強く作用していることだ。もともと靖国神社は、尊皇、つまり天皇のために忠誠を尽くして戦った人をまつるために建てられた。兵士として死ぬことが崇高な価値を持ち、神としてまつるにふさわしいとなる。そうした思想に基づく宗教施設が、現在においても国家的な追悼・慰霊の場としてふさわしいのかということだ」（二〇一四年一月二〇日付朝日新聞夕刊より）

この指摘、僕もまったく同感です。

くり返すまでもありませんが、明治憲法の枠組みのなかにおいては、軍は天皇の指揮下に置かれた「天皇の軍隊」でした。将兵らは、天皇の命によって戦場に赴く。ですから戦没者の慰霊に天皇がかかわることは当時としては自然なことで、明治天皇が靖国神社のもととなる招魂社を発議したというのもうなずける話なのです。

しかし「天皇の軍隊」はあの戦争での敗戦によって解体されました。以降、戦後の新憲法下でつくられた自衛隊は「天皇の軍隊」ではなく、天皇の命で動くこともありません。

つまり、靖国神社が合祀すべき対象はあの戦争までなんです。例えば、自衛隊ではこれまでに多くの殉職者がいますが、彼らは靖国神社に祀られていないはずです。

もし、今後自衛隊員が戦地で命を落とすようなことがあったとします。確かに、その自衛隊員も、かつての陸海軍の軍人も、国家のために命を落とした戦没者という一面では同じです。だから自衛隊の殉職者らも靖国神社に合祀すべきじゃないかという意見も出てきたりするわけですが、靖国神社の由来を考えればそれはできないということなんです。

先に紹介した二〇〇二年の国立追悼施設に関する報告書が目指していたのは、実は近い将来にあり得るかもしれない「自衛隊員の戦死」をも想定したうえでの、新しい施設を求める内容だったというわけです。

国民が自覚すべき追悼する側の責任

でもこうして「安保法制以後」の日本の視点に立ってみるなら、過去の戦争での戦没者たちも、これからあり得るかもしれない戦没者たちも等しく、わだかまりなく追悼できる場とは何なのか、日本人がもう一度、真剣に向き合わなくてはならない問題だろうと思います。

海外ではどのように追悼をしているのかを見回しても、それぞれの国の歴史や事情を反映していて、一様ではありません。

例えばドイツでは、ベルリンに「ノイエ・ヴァッへ」と呼ばれるドイツ連邦共和国の国立中央追悼施設があります。

その追悼の対象は、戦争と暴力支配によって罪なく犠牲になったすべての人びと、とされています。戦争によって亡くなった兵士と民間人、敵と味方の区別もなく、また旧東ドイツの社会主義体制下での犠牲者や、戦争中に迫害されたユダヤやロマの人びとなども広く含まれています。

ドイツというのは当時国家権力を握っていたナチスの罪というのをかなり重くみるお国柄で知られますけれど、やはり追悼の対象でも「国家権力が不正を働いたことによる犠牲者」というのが特筆されているところが特徴といえるでしょう。

ですから、ここでは例えばＰＫＯでのドイツ軍戦死者は追悼の対象にされていないのだそうです。なぜなら、彼らは国家権力の不正による死者ではないからと。ある意味ではっきりしています。

では次にイタリアではどうなっているかというと、ローマ市内に「祖国の祭壇」という国立の施設があります。

もともとは一九一一年にイタリア統一五〇周年を記念してつくられた記念堂がルーツだそうですが、第一次世界大戦で大勢の犠牲者が出たことを契機にここが追悼の場となり、現在に至っているということです。

追悼の対象はイタリア人戦没者に限られていて、でも軍人、民間人の区別はありません。

ちなみに、ドイツもイタリアも、その追悼施設に宗教性はないそうです。

あの戦争で日本と同様に敗北した側のドイツ、イタリアの例を簡単にご紹介してみました。

特にドイツという国は過去に対する総括がはっきりとしていて、それが追悼の仕方にもかなり強い影響を与えているといえましょう。その意味では、ドイツはきっぱりと戦後を終わらせて、新しい時代を生きていることは確かです。

ドイツと比べるつもりはありませんが、日本はあの戦争をどこか白黒つけられないところが今もあって、そのことが新しい追悼施設のための議論が進まない原因でもあると思います。

しかし言いかえるなら、それこそが、あの戦争から何十年経とうとも、「戦後」を終わらせることができない私たち日本人の姿でもあるということを、もう一度自覚しなくてはなりません。

今の天皇がなぜ、高齢の身を押してまで、先代の昭和天皇の時代の出来事であるペリリュー島の戦没者に対して慰霊の旅に行くのか。それほどまでに、「天皇」のために命を落とした人びとのことを決して忘れず、追悼を続けるという責任もまた重いのだということを、私たちに教えてくれているのではないでしょうか。

自衛隊が「国民のための軍隊」であるなら、その戦没者、殉職者を追悼する責任は国民にあります。過去、そして未来の「国のために命を落とした人びと」を日本人はどう追悼し、また追悼する覚悟をもつべきか。またそのためにどのような施設のあり方が望ましいのか……。

それは決して人ごとですまされる話ではないということを、私たちはあらためて肝に銘じなくてはいけません。

日本人の「戦争責任論」を問う

イギリスのイラク戦争検証報告書

イギリスが二〇〇三年、米豪各国などとともに参戦したイラク戦争について、その是非を調査した報告書が二〇一六年七月に公開されたというニュースを耳にしました。二〇〇九年に当時のゴードン・ブラウン首相が独立検証委員会を設置し、ジョン・チルコットさんという方を委員長に外交官経験者、歴史家ら五人で七年もの歳月をかけ、イギリスのイラク戦争への参戦が正しかったのかどうかを調べあげたのだそうです。

調査方法も徹底しておりまして、一〇名以上のスタッフと一〇数億円もの予算、全ての非公開文書を閲覧できる権限を与えられ、参戦時の政治家や外交官、軍人や諜報機関の幹部など一五〇名以上に対する公開での聞き取りや、一五万件以上の文書を査読した結果、何と二六〇万語におよぶ膨大な量の報告書をまとめあげたということなんです。

そのなかで、当時のブレア首相が踏み切ったイラク戦争への参戦は誤った選択だったと結論づけたんですね。

米英が参戦の理由に挙げていたのはイラクが大量破壊兵器を保有しているという「確実な」情報が諜報機関からもたらされたというもので、結果的にはその情報は間違っていたことが後に明らかになるわけですが、報告書はイギリスにとってあれは必要不可欠な戦争ではなく、軍事行動以外の解決手段を尽くさなかったと厳しく批判しています。

また、イラク戦争に突き進む米国に追従したことについても、自国の利益と判断が異なるのだから支援する必要がなかったと、手厳しい結論を下していました。

実は今回の報告書で、イギリスのイラク戦争に関する公式な調査というのは四回目なんだそうです。ブレアさん以降の歴代内閣で調査結果が報告されるたびに検証が不十分だという世論やメディアの批判が相次ぎ、今回のものにたどり着いたという経緯があったということなんです。

この背景には、イギリスが長い年月を通して培ってきた政治や言論の文化というものがあるのでしょう。でも、政治指導者の重大な判断が正しいものだったのかどうか、その検証を徹底的に求めるメディアや国民の姿勢は、僕は評価すべきことだと思ったんですね。日本にとってもこれからは、それが他人事ではすまされません。

政府が集団的自衛権行使の容認という大きな転換を急いだ背景には、アメリカの意思が見え隠れします。つまり、これまで「世界の警察」として膨大な軍事費で世界中に軍事力を展開していたアメリカが、その負担にもう耐えきれなくなってきているという現状です。その流れのなかで、日本にもその一部を負担してもらおうということです。

同盟国の日本として、それを受け入れるために安保法制を急いだということなのだと推察しますが、ある方が今の状況をとても面白い比喩にしてくれました。つまり、今までは日本がアメリカを「傭兵」にしてきたが、これからは日本がアメリカの「傭兵」にされることになるんじゃないかと。僕もこの見方は正鵠を得ていると思います。

アメリカがもしまたイラク戦争のような戦争に乗り出したときに、「お前たちも兵を出して協力しろ」と迫られたら、時の日本政府はどういう判断を下すのでしょうか。

日本人の「太平洋戦争」への検証

さあ、ここから時間軸をぐっと巻き戻して昭和史に舞台を移してみましょう。それでは、先ほどのイギリスのように私たちの国は、これまで太平洋戦争の是非を公式に検証したことがあったでしょうか。

答えは、悲しいかな「いいえ」ですね。日本が戦後、国としてあの戦争の正当性や責任といったことをきちんと検証したことは一度もありません。検証を担ってきたのは、あくまでもジャーナリストや研究者といった民間レベルです。例えば戦史ということでいえば旧防衛庁の防衛研究所戦史室がまとめた『戦史叢書』などがありますが、これはあくまでも個別の作戦や戦闘の経緯といった細部の戦史に関するものです。

あの戦争全体を俯瞰して、それぞれの局面で誰が何を決定し、それが妥当なことだったのかという総合的な検証がなぜ、日本は国家レベルで出来なかったのかという疑問は僕もこれまで何度も話したり書いたりしてきました。

その理由を考えてみると、やはり戦後の極東国際軍事裁判、いわゆる東京裁判に行き着いてしまうんです。要するに、東京裁判で一定の裁きがなされたことで、私たち日本人はそれで禊ぎがすんだということにしてしまったということです。

加えまして、「一億総懺悔」といった日本人独特のメンタリティーも大きく作用したんでしょうね。この「一億総懺悔」とは戦後初の首相となった皇族の東久邇宮がその施政方針演説で敗戦の原因は一つじゃない、前線も銃後も、軍も官も民もすべて反省、総懺悔しなければいけないと話したことに端を発した言葉ですが、それがどこか日本人の琴線に触れるところがあるのでしょう。そうだよなあ、軍人が悪い、政治家が悪いと叫んだところで何も始まらないんだから……という心境のようなものです。

でも、そうやって水に流しておしまいということで果たしていいのか、ということなんです。そういう姿勢こそが、あるときは「あの戦争は侵略戦争でした」と言いながら、内閣が変わると「あの戦争は侵略戦争ではない」と政府関係者の認識がクルクル変わってしまう戦後の政治状況を生んだともいえます。つまり、この国が国家としてあの戦争への結論をもっていないから、そうなるのです。

そのことをもう一度考えてみたいと思います。そのためには、歴史的にはひとつの公的な検証ともいえる東京裁判と何だったのかを、振り返ってみる必要があります。

東京裁判は何を裁いたか

日本が降伏を受け入れるにあたって受諾した「ポツダム宣言」のなかに、「戦争犯罪人の処罰」という条項があります。これに基づいて昭和二一年五月から開かれたのが「極東国際軍事裁判」、すなわち東京裁判でした。

まず押さえておきたいのは、この裁判はどんな罪を裁いたかという点です。これは東京裁判の根拠となる「極東国際軍事裁判所条例」に記されており、それによると次の三つになります。

（イ）平和に対する罪
（ロ）通例の戦争犯罪
（ハ）人道に対する罪

この三つの罪を裁くために、それらは対象国や事件別に細かく訴因としてわけられ、それは五五にもおよびました。

「平和に対する罪」だけで訴因は三六あり、例えば訴因二から五は満州事変、支那事変、大東亜戦争、日独伊三国同盟それぞれに対する計画謀議で、六から一七は一二カ国それぞれに対する戦争の計画準備、一八から二六は各国への戦争開始、二七から三六は各国との戦争の遂行、といった具合です。まあ、後になって審理の時間がかかりすぎるなどの理由で、訴因は一〇に絞られることになりましたが。

これらがそれぞれ（イ）＝A級、（ロ）＝B級、（ハ）＝C級と分類されたことで、「A級戦犯」とか「BC級戦犯」という呼び方がされたんですね。ちなみによく「A級戦犯が一番罪の重い戦争犯罪人」といった理解があるようですが、そうではなく、あくまでもこの三つは罪状の分類に過ぎないのです。またB級、C級は明確に区別しにくかったため、一般的に「BC級」とひとくくりにされて論じられるようになったんですね。

ただ、戦後の日本の言論のなかでA級戦犯はBC級よりも悪いことをした、一番の戦争犯罪者という理解が定着してしまったところがあります。例えば、今回の問題のA級戦犯は誰某だ、というような言い方がメディアなどでも使われ、日常用語のようになってしまっています。

つけ加えるなら、A級の「平和に対する罪」はドイツの戦犯裁判で初めて登場したもので、事後法の禁止という原則を無視しているという批判が法律の専門家の間で議論されてきたテーマです。

簡単に言えば、犯罪というのは法律ができてはじめて「犯罪」になるわけですが、その法律を過去に遡って適用したら「そのときは違法じゃなかったからそうしたのに、おかしいじゃないか」となりますよね。法律の世界では「不遡及の原理」といわれるそうですが、日本が戦争をはじめる際に国際法にもなかった罪を適用するのはどうなのか、という指摘です。

訴追されなかった天皇

とりあえずそれらの問題は置いておいて、東京裁判でのA級戦犯裁判の流れを追ってみたいと思います。そもそも「平和に対する罪」とはどういうものか、先の裁判所条例から引用してみましょう。

「宣戦を布告せる又は布告せざる侵略戦争、若は国際法、条約、協定又は保証に違反せる戦争の計画、準備、開始又は遂行、若は右諸行為の何れかを達成する為めの共通の計画又は共同謀議への参加」

ここに出てくる「共同謀議」という言葉も日本人にはあまり馴染みのないものです。法律家の解説によればこれは英米法独特の考え方で、例えば二人以上が違反行為を行おうと合意しますと、実際に違反行為を行動に移していなくともその合意の事実のみで処罰できる、というものなのだそうです。これもその是非をめぐって議論が絶えない点でもあるんですが。

つまりは、侵略戦争を計画し、それを実行した者たちだけでなく、実行したとはいえないけどその計画案についての話し合いに参加した者も同罪ですよ、ということなのです。だから例えば、民間人で思想家の大川周明などもA級戦犯として起訴されたんですね。一般的な感覚だと戦争という国家事業にあたって何の権限もない民間人が、という気もしますが、彼が一連の青年将校らによる昭和維新運動にかかわっていたことから、「共同謀議への参加」の事実があったと判断されたというわけです。

ただ、大川は裁判で意味不明な話をしたり、前に座っていた東條英機の頭を叩いたりといった奇行が目立ち、途中で精神障害と診断されて裁判から除外されてしまいますけど。

この裁判所条例が、GHQ（連合国軍総司令部）最高司令官のダグラス・マッカーサーの名で公表されたのは終戦の年が明けた昭和二一年一月一九日のことです。そこで東京裁判の枠組みが明らかにされるわけですが、戦犯容疑者らの逮捕は前年の九月、東條英機元首相をはじめとしてすでに進められており、その後は巣鴨プリズンに出頭命令を出すかたちで最終的には一三〇名ほどが容疑者として収容されていきました。

容疑者の選定と訴追を担う検事団にしてみれば、当初は日本の政策決定にかかわる組織の概要や流れはわかりません。それでまず日本側から協力者を探すのですが、なかなかその全容を的確に説明してくれる人物が見つからず苦労したそうです。でも、開戦時の陸軍省兵務局長だった田中隆吉の協力を得ることに成功し、さらに内大臣だった木戸幸一のつけていた日記（後に『木戸幸一日記』として公刊）などを入手したことで、そのプロセスを解明していくんですね。

このあたりの流れで一番重要なことは、裁判所条例が公表される時点ですでに天皇は訴追しないということが既定路線になっていたということです。連合国の間には、天皇こそ戦犯として死刑にしろという声が根強くありました。

天皇を訴追すべきかどうか、その最終判断を下したのはＧＨＱ最高司令官だったマッカーサーだと考えられています。マッカーサーは太平洋戦線で日本軍と戦ってきて、最後の一兵にいたるまで徹底抗戦して米軍に出血を強要しようとする日本軍の頑強ぶりをよくわかっていました。

だから実は、占領軍が日本本土に上陸する際には何かしらの抵抗があるはずだと考えて、かなり恐る恐るやってきたのです。ところが、組織的な抵抗は何も起こらなかった。ヒトラーが自殺し、敗戦時に国家そのものが崩壊していたドイツと違いまして、日本は国家組織が温存されたまま降伏し、本土には最後の決戦のための一〇〇万を超える軍が配備されていました。でも、天皇の聖断で「一糸乱れぬ」降伏に徹しただけでなく、占領軍に対する組織的な抵抗もなかったということに、マッカーサーも驚いたことでしょう。

彼の手記にあるように、天皇と会ってみたら、とても紳士的で命乞いをしようとしなかったということで好感を抱いたということもあるのかもしれませんが、日本人にとって天皇がどういう存在なのかということを、マッカーサーは冷徹に見抜いたのだと僕は思います。つまり、天皇を訴追し、戦犯として処罰などすれば、温存されていた一〇〇万の日本軍が占領軍に対して抵抗を起こすような事態を招き、対日占領が混乱状態に陥ることをマッカーサーはなによりも恐れたのでしょう。

彼には、その後大統領選挙に出馬しようとしたように大きな政治的野心があったんですね。だから、対日占領はすみやかに終わらせて成功させ、自身の成果にしたいと考えていたフシもあります。天皇の処罰は危険と考え、その回避に努めようとしたことは想像に難くありません。

二八名のA級戦犯容疑者

こうして昭和二一年（一九四六）五月三日、東京裁判が開廷します。裁くのはオーストラリアのウェッブ裁判長を筆頭に連合国の一一カ国から選ばれた判事団で、先ほど触れた三つの罪の容疑者らを起訴するのがアメリカのキーナン首席検事をはじめとする国際検事団でした。当初はGHQに国際検察局というのが設置されて東條らを起訴していたのですが、その後は各国の検事らで構成される執行委員会に制度がかわります。

開廷の数日前、昭和天皇の誕生日である四月二九日に検事団によってまとめられた起訴状が裁判所に提出されました。最終的に「A級」として起訴されたのは、次の二八名です。

荒木貞夫（陸相・軍事参議官）
土肥原賢二（奉天特務機関長・教育総監）

橋本欣五郎（軍人）
畑俊六（陸相・支那派遣軍総司令官）
平沼騏一郎（首相）
広田弘毅（外相・首相）
星野直樹（満州国総務長官・東條内閣書記官長）
板垣征四郎（陸相・朝鮮軍司令官）
賀屋興宣（蔵相）
木戸幸一（内大臣）
木村兵太郎（陸軍次官・ビルマ方面司令官）
小磯国昭（軍人・朝鮮総督・首相）
松井石根（中支方面軍司令官）
松岡洋右（外相）
南次郎（朝鮮総督・陸相）
武藤章（陸軍省軍務局長・第十四方面軍参謀長）

永野修身（軍令部総長）
岡敬純（海軍省軍務局長）
大川周明（思想家）
大島浩（軍人・ドイツ駐在大使）
佐藤賢了（陸軍省軍務局長）
重光葵（外相）
嶋田繁太郎（海相・軍令部長）
白鳥敏夫（外交官）
鈴木貞一（企画院総裁）
東郷茂徳（外相）
東條英機（陸相・参謀総長・首相）
梅津美治郎（関東軍司令官・参謀総長）

これらの顔ぶれを見ると、とても興味深いことがわかります。例えば、陸海軍部の責任者は含まれていても、実質的に大平洋戦争の作戦面を担った参謀たちが省かれていることです。陸軍の参謀次長や海軍の軍令部次長、また陸海軍の作戦部長らの責任は、この顔ぶれに名前のある陸海軍省の軍務局長らのそれよりも重いはずなのですが。

このことはからずも、アメリカに「軍事は政治が動かすもの」というシビリアン・コントロールが当たり前という意識があって、軍人はその命令で動いていただけと考えた可能性もありますし、統帥部の責任を追及していくと天皇に直結してしまうことを危惧してあえて外した、と見ることもできます。

東條英機の弁明

とにかくこの起訴状を読むことで、検察側がどのようなストーリー、ないしは見立てをもっていたのかがよくわかります。

端的にその主旨を指摘するなら、日本の侵略戦争は昭和三年の張作霖爆殺事件からはじまって、日本が降伏文書に調印した昭和二〇年九月二日まで続けられたものであり、その間に「共通の計画又は共同謀議の立案又は実行に指導者、教唆者又は共犯者として参画したるもの」で、「計画実行に付き本人自身により為されたると他の何人により為されたるを問はず一切の行為に対し責任を有す」るものが、これら二八名だということになります。

ただ、出頭命令を受けて自殺してしまったため、被告席に座ることのなかった人たちもいます。例えば日中戦争勃発時から三国同盟締結、南部仏印進駐と太平洋戦争開戦への流れのなかで重要な時期に首相を務めていた近衛文麿もそうですし、参謀総長の杉山元などもそう。一方では、岸信介や笹川良一など巣鴨プリズンに容疑者として収容されたものの、最終的には起訴されずに釈放された人たちもいます。

それにしても、昭和三年から太平洋戦争にいたるまで、日本に一貫した対外侵略のための共同謀議があったという検事団の見方は、どうも日本を買いかぶりすぎているという感じがします。実際のところは関東軍の暴走を政府も軍部もコントロールできなかったりと、むしろ国際社会において日本の立場をどう位置づけるのかという一貫した方針や思想がなく、情勢に場当たり的に対応していって選択肢を失っていった、というのがあの戦争に入っていく本質的な流れなのではないでしょうか。

とにかく検事団による「計画的な侵略戦争」とする見方に対して、被告側の弁護団はそのような侵略戦争のための共同謀議などは存在せず、あくまでも「自衛戦争」だったと反論しました。被告人らにはそれぞれ弁護人がつき、個別に尋問が行われていきました。例えば東條英機については、本人の弁護立証での陳述内容は次のようなものでした。

①　日本は米英蘭に対する戦争をあらかじめ計画、準備していない
②　対米英蘭戦争はこれらの国による挑発が原因で、自存自衛のためやむを得ず始められた
③　日本政府は合法的な開戦通告を攻撃開始前に米国に交付すべく周到な注意を払った
④　大東亜政策の真の意義
⑤　「軍閥」の不存在
⑥　統帥権の独立と連絡会議、御前会議の運用
⑦　東條の行った軍政の本質は統制と規律にあった

要するに、自分たちは侵略戦争など計画していなかったし、ましてやそれを周到に進めたとあなた方がいう「軍閥」などもありませんでしたよと。あの戦争はあくまでも自国の存立を守るためのやむをえない戦争で、南方への進出も侵略目的ではなく防衛的措置でした、という主張なんです。

③というのはアメリカによる「だまし討ち」だったという主張に対する反論です。ただこの通告なき開戦については途中で訴因から外れてしまいますけど。

東條の供述書というのは二〇〇ページ以上にわたるものですが、読んでみると確かに官僚だなあと思わせる、いかにも東條らしい生真面目さが伝わってくる内容です。率直に、自分が見聞きしたこと、事実関係を書いたことは間違いないのです。

ただ一方では、リーダーとしての器がまるで感じられない、がっかりする内容でもあります。わが国は統帥権の独立で政治が軍事に口を挟めないようになっていて、陸軍と海軍も互いにバラバラの異なる戦略を立てていたような状態だから、計画的な侵略戦争なんて無理だと主張しているのですが、そこを読むと日本人としてなんとも恥ずかしいですね。国家にきちんとした統治能力がなかったと言っているようなものですから。

いくら「共同謀議」がなかったことを立証しようとしたといっても、少々お粗末な感じがします。

全員が「戦争犯罪」による死刑に

それはさておき、自分は悪くないという個人弁護にはしる被告もいましたが、軍人を中心に大半は国家弁護、日本という国に侵略の意図も計画もなかった、というのが弁護側の主張の骨子でありました。

とにかく足かけ二年半におよぶ長い法廷でした。でも、例えば南京事件やフィリピンなどでの虐殺事件といった日本軍による犯罪行為や、陸軍でのクーデター未遂事件など、それまで日本人が知らなかった出来事が次々に飛び出して話題には事欠かなかったんですね。

当時は息子や夫が兵隊にとられて戦死した遺族や、原爆や空襲で家や家族を失った人々が大勢おり、軍への不信感が渦巻いているときでした。新聞やラジオで伝えられる東京裁判のニュースに、「軍はこんなひどいことをしていたのか」「こんな連中が戦争を始めたのか」と、当時の国民の怒りを増幅させたことは間違いありません。もちろん、それは占領軍の意図するところでもあったわけですが……。

こうして昭和二三年（一九四八）、一一月四日から七日間にわたって判決言い渡し公判が開かれました。そして同月一二日、ついに刑の宣告が発表されます。最も重い絞首刑を言い渡されたのは次の七名でした。

土肥原賢二（奉天特務機関長・教育総監）
広田弘毅（外相・首相）
板垣征四郎（陸相・朝鮮軍司令官）
木村兵太郎（陸軍次官・ビルマ方面司令官）
松井石根（中支方面軍司令官）
武藤章（陸軍省軍務局長・第十四方面軍参謀長）
東條英機（陸相・参謀総長・首相）

ここが先ほどのA級戦犯の話に絡んで重要なことなのですが、この七名はA級戦犯だから絞首刑になったわけではないんですね。彼らは先に掲げた三つの罪状のうち（ロ）通常の戦争犯罪、すなわちB級での有罪を含んでの絞首刑なのです。

例えば東條については、連合軍捕虜への虐待行為を防止する義務を怠った、ということでの絞首刑です。もちろん東條はそのような実態は知らなかったと主張しましたが、通りませんでした。

松井石根は南京事件、木村兵太郎はビルマ方面軍司令官時代の、泰緬鉄道建設に英軍捕虜を使役させた件ですね。武藤章はフィリピンでの残虐事件と、みな戦地などで起こった捕虜虐待、虐殺事件を問われた格好です。ただ広田弘毅だけはわかりにくいのですが、南京事件発生時の外相だったことから、それが勘案されたという見方もあります。

つまり、A級戦犯「平和に対する罪」だけを適用しての絞首刑はなかったのです。これは、「平和に対する罪」というのが後でつくられた「事後法」だったため、それだけで死刑にすることをためらう意見が判事団に強かったからとされています。

ちなみに当初A級として起訴された二八名のうち、永野と松岡は公判中に死去、大川周明が精神障害で免除とされ、判決時は二五名でした。さらにこのうち賀屋、白鳥、梅津の三名は病気療養中のため、判決が下ったのは二二名です。そのうち重光葵は禁固七年、東郷茂徳は禁固二〇年、それ以外は全員終身刑とされています。

膨らむ東京裁判への疑念

確かに個別の判決と罪状などを見ていくと、これはどうなんだろうという疑問がかなりあります。絞首刑になった七名だけをみても、この人物が死刑になるなら他にもっと責任がある者がいるだろうという感覚を持つというか、私たちのように日本人として昭和史を検証する立場からみても、腑に落ちない点が多々あることは事実なのです。

そのあたりが、やはり連合国同士の政治的な思惑や駆け引きなどが多分に反映された、政治色の強い裁判だったと評されるゆえんなんですね。僕も、文明の名を借りた「政治裁判」の側面が、この東京裁判にはあると思います。

とにかく、この国はこの判決を受け入れたうえでサンフランシスコ講和条約にサインし、占領期を終えて再び独立国として国際社会に復帰しました。

その時期に私たちの国が、果たして自主的な戦犯裁判を行えたかどうか……。僕は以前に歴史のイフに想像を巡らせた『仮説の昭和史』という本を書きまして、そのなかで、終戦後にもし日本が自主的な戦争責任を問う裁判を開いていたら、というテーマで論考をまとめてみました。でもおそらく、当時の状況下でそれをやったら天皇制の廃止というところまでいってしまい、一種の共産革命的な方向に向かってしまった可能性があると書きました。そうしたら、今の日本とは全く違った国になっていたかもしれません。

現実の世界としましては、この東京裁判で一応の禊ぎをすませた格好にはなりました。でも一般的にはA級戦犯が日本を悲惨な戦争に導いた極悪人のようなレッテルを貼られることとなり、一方では東京裁判に対する不信の声が地下水脈のように、少しずつひろがっていくことにもなりました。

不信の声というのは、いわゆる「東京裁判史観」と称して東京裁判そのものを否定しようとする人々のことです。確かに東京裁判は「勝者による一方的な裁き」であり、調べていくと極めて政治的な裁判であったことは確かです。が、よって東京裁判は間違った裁判であるとその結果を全面否定し、絞首刑になった被告らは何も悪くなかった、東京裁判を受け入れる「東京裁判史観」を糾せ、というような言論すら現在の保守層には出てきています。

こうした歴史修正主義的な見解が幅をきかせるようになったのは、例の靖国問題と軌を一にしているように思います。靖国神社がA級戦犯を合祀した問題ですね。

このころから、歴史のけじめというか、禊ぎとして過去の歴史となるはずだった東京裁判が再び生々しい外交問題になってしまうのです。A級戦犯の合祀が発覚して以降、政治家が靖国神社を参拝するたびにそれが「公式参拝か私的参拝か」という話になり、そのつど中国や韓国が反発するという事態が起こるようになりました。

小泉純一郎内閣のころ、小泉首相の靖国参拝に中国が反発した際に、小泉さんがこれは心の問題で、外国にとやかくいわれる筋合いはないと発言したことがありました。思えばこれをきっかけとするように、A級戦犯の合祀の何が悪い、そもそも彼らをA級戦犯として裁いた東京裁判そのものが間違っているのだという考え方が大きく浮上してきたといえます。

つまり、靖国神社で戦没者を慰霊するという日本人の心の問題にまでなぜ外国人が文句を言うのか、という感情的な反発を論理的に支えるものとして、東京裁判の否定が全面に出てきたように僕には思えるのです。

日本人の視点による検証を

過去の歴史問題がいつまでも国内だけでなく、他国との間でもくすぶり続ける状況を、私たちはこのまま放置しておいていいのでしょうか。

僕は、決していいことだとは思いません。これはいまだに「戦後」が終わっていないということです。もちろん長い歳月、例えば戦後が一〇〇年、二〇〇年もたっていけば水に流されていく話かもしれないけど、そういう受け身の姿勢でいいのでしょうか。

受け身ではなく、日本人自らがもっと能動的にあの戦争を検証し、あの戦争はこういうことだったのだという合意をつくり、それを次世代へ教訓としてバトンタッチする姿勢が必要だと僕は信じます。

そこでなんですが、これからお話しするのは僕の一つの試論として聞いていただければと思います。

まず東京裁判について言うなら、これは確かに多くの誤りを含むものだけれど、だからといって裁判や判決そのものを否定することは、それもまた誤りとなるでしょう。

私たちはこの東京裁判を一つの歴史的事実として受け入れつつ、そこに欠落している視点からあの戦争を検証していく必要があるのです。

また、その検証に必要な姿勢とは、もはや戦争責任として特定の個人の責任を法的に問い、罰を与えるものではないでしょう。もちろん当時の指導者など個々人の果たした役割から何らかの責任を認定する必要はありますが、もっと構造的な問題としてとらえ、例えば一〇人なら一〇人である誤った政策が決定されたのなら、その誤りをシステムとして防ぎ得たのかどうかという点まで踏み込んで考えることが大事なのではないかと思います。

まさに冒頭でお話しした、イギリスでのイラク戦争の真相究明に対する姿勢を、私たちも持つべきなのです。

あの戦争にはさまざまな問題点があったとして、そのうち東京裁判が扱ったのは一言でいうと対外的な戦争責任というものです。つまり、日本が他国へ侵略戦争を行った罪であり、その戦争下で他国民に対して日本軍が行ったとされる戦争犯罪が裁かれたということですね。

そこに欠けているのは、日本国民の視点です。要するに、日本国民としてあの戦争に関して抱く疑問点、もちろん日本軍の戦争犯罪もそのなかには入りますが、それを東京裁判が代弁してくれたものではないということです。

ですからまず、日本国民の視点であの戦争を眺めたときに、どういう責任が出てくるのか、まずはそこから整理する必要があるでしょう。とりあえず、僕が暫定的にあげるとするなら、次の四つの大項目が頭に浮かびます。

① 開戦責任
② 継戦責任
③ 結果責任（敗戦の責任）
④ 他国への責任

三年八ヵ月もの戦争は必然だったのか

まず①の開戦責任というのは、真珠湾への奇襲で始まった太平洋戦争開戦への流れは、果たして妥当だったのかというテーマですね。

例えば開戦以前のどこかの時点で、戦争を回避できる可能性があったのかどうか。そのためには、三国同盟の締結や満州事変の勃発、国際連盟からの脱退、北部および南部仏印への進駐や開戦までの日米交渉など、それぞれのテーマを個別にその是非について検討する必要があるでしょうし、その各時点で外交的にとりうる他の選択肢がなかったのかどうか。また対米英戦争として計画された軍事的プランは、当時の国力からみて妥当なものだったのかどうか、という点も重要です。

さらには国益という観点からみて、対米英戦争を選択した時点で、それを回避する場合との見積もりの比較は正しかったのか、ないしは正しいと信じるに足る相当な理由があったのかどうか。

また、開戦時に軍事指導者らが、あのような悲惨な結果にいたることを予見できなかったのかどうかという点も問われるべきでしょう。

こうしてきちんと詰めていった場合に、外交的選択肢を失いつつ最後は戦争しかないという結論にたどり着く道が常識的に考えてやむをえない、結局は誰が指導的立場にあってもこうなるほかなかった、ということになれば、当時の政治・軍事指導者たちの開戦への責任は問わないということになるかもしれません。

逆に、今挙げた点で問題ありということになれば、その関係者たちの責任を問いつつ、なぜその問題を回避できなかったのかという点にも充分に検証を進めるべきなんじゃないでしょうか。

次の②継戦責任ですが、これは三年八ヵ月もの期間、戦争を継続したことに妥当性はあったのか、という論点ですね。

当然ですが、戦争とは開始する際にどのように終わらせるか、政治・軍事指導者の間で相応の目算がなくてはなりません。その目算とはどういうもので、それがなぜ狂ってしまったのか。また目算を達成できなかった理由に合理性があったのかどうかが歴史的にも問われるべきです。

もちろんここでは統帥権の問題が出てくるでしょう。例えば東條は、統帥権の壁があって統帥をコントロールできない状態を危惧して参謀総長を兼任したわけです。でも結果的にはうまくいかず、陸海軍が互いに都合の悪い情報を隠したり、ウソまでつくような状態で戦争をやっていたわけですね。

こうした内閣と統帥部の関係も、戦争をするうえで重大な欠陥であったとするなら、その点も厳しく分析して、なぜそれがシステムとして改善できなかったのか、改善しないまま戦争を継続したことの妥当性も問われるべきではないでしょうか。

戦争被害への結果責任とは

そして③の結果責任となります。これが非常に多くの検討テーマを含む問題だと思います。この大項目の趣旨は、戦争に負けたことへの責任だけでなく、戦争の結果生じた三一〇万人におよぶ戦没者、障害や家屋を失うなど身体的物的損害を受けた国民への結果責任の有無を問うものです。思いつくまま箇条書きにしてみましょう。

〈結果責任〉

○敗戦の結果、海外領土を失うなど国益を逸失した国の責任の有無

○本土空襲、原子爆弾被害についての国の責任の有無

○戦闘に巻き込まれたサイパン、沖縄民間人に対する国の責任の有無

○特攻作戦や玉砕命令など常識を超える戦闘に対する大本営の責任の有無

○大規模な将兵の餓死、戦病死を出した作戦の責任の所在

○軍人、民間人への戦後補償のあり方の妥当性

○外地で亡くなった将兵たちの遺骨の整理

戦前の近衛内閣の時代、日米交渉でアメリカから支那(中国)からの撤退を要求されました。このとき、強硬に撤退に反対した陸相の東條英機が口にした脅し文句を皆さんご存じでしょうか。

「支那事変で死んだ一〇万の英霊に申し訳がたたない。だからここで引く訳にはいかない」

その帰結が日米戦争であり、戦争末期におよんでもこの軍人の論理が出てきてあと一戦、あと一戦と死者をいたずらに増やす結果になっていったのです。

結局、日本は中国どころか朝鮮、台湾だけでなく、戦争中に占領した南方地域から北方領土、第一次大戦で獲得した南洋諸島など、軍人らのいう「兵の血であがなった」地域も含めて一切を失うことになりました。

もちろん僕は韓国などが日本の敗北によって独立できたことはよかったと思っていますが、それらの地域を失ったことは国家として国益を失ったという意味にもなります。これらの結果責任は誰が負うのか、また戦争を早期に終わらせることができたらもっと領土が残ったのかどうか……、ちょっと扱いづらい話にはなるけれど、そういう視点から結果責任の大きさを考えることも必要かもしれません。

例えば三年八ヵ月、ああいう状態になるまで戦争を続けるより、その前に終結させられる可能性があったとしたら、あれほどまでに国益を失うことにはならなかったかもしれません。

それから、民間人があの戦争によって受けた人的、物的被害について、それぞれで国家としての責任があるのかないのかという問題があります。

日米の戦場となったサイパンや沖縄では多数の民間人が巻き込まれ、多くの犠牲者が出ました。沖縄戦については戦後の昭和二七年（一九五二）に制定された戦傷病者戦没者遺族等援護法で、民間人でも例えば軍の命令で弾薬を運んだり、軍に壕を提供して亡くなったりした人たちについては準軍属（戦闘参加者）として補償を受けられるようになりましたが、その対象になったのはほんの一部だけだといいます。

また原爆被害については被爆者援護法で国による補償がありますが、一般の空襲被害者に関しては何の補償もありませんでした。近年になって遺族の方々が国家賠償訴訟を各地で提起しましたが、いずれも原告の敗訴で終わっています。

やはりこれらの問題も、きちんと検証する必要があると思います。なぜ原爆被害だけが補償の対象になるのか、そもそも戦争被害における国家補償のあり方をこの国はどう考えるのか、総合的に明らかにすべきでしょう。

大本営の無謀な作戦の妥当性にもメスを

一方で、これは主に軍事に関する話ですが、太平洋戦争では軍事常識を超えた作戦や戦場が数多くありました。ガダルカナルやニューギニアなどで、食料が送れなかったとはいえあれほど多くの餓死・戦病死者を出したのは、果たして正当な、命令された側が許容すべき範囲の作戦だったのかを問うべきだと思います。

特攻や玉砕といった十死零生、兵士全員が死ぬまで戦わなくてはならなかったような作戦についても、その妥当性についての結論を日本が国家として出すべき話でしょう。そのためには、そうした作戦が許容された背景にある戦陣訓など、当時の日本軍の軍事思想のあり方にも踏み込んでその正否が問われるべきです。

最後の④他国への責任というのは、東京裁判でも裁かれた日本軍による他国民への犯罪、占領地軍政などの全貌を明らかにすることです。例えば東京裁判で扱われたのは主に陸軍の戦争犯罪で、海軍がほとんど出てこない。当時まだ実態が不明だったということもあるのでしょうが、戦後の研究成果も踏まえて総括し、どんな犯罪行為がどういう理由で起こったのか、それを防ぐためにどうすればよかったのかを考えるべきでしょう。

戦争中に日本が迷惑をかけた国々には戦後賠償としての経済協力、補償などを通じて国際法上は解決ずみとなっていますが、そこからこぼれ落ちた問題というのが出てきています。例えば従軍慰安婦問題であったり、韓国人の被爆者への補償問題などです。

これは空襲被害者への補償がない問題とも関わることですが、自国が始めた戦争の結果生じたさまざまな被害者に対し、この国がどのような考え方を持って対応していくのか、ということを明らかにする必要があるだろうと思うのです。

この問題は案外大事なことです。例えば太平洋戦争時の本土空襲被害者が国を相手どって裁判を起こした際に、被告となった国が彼らに補償する必要がないとして持ち出す論拠の大半が「戦争被害受認論」でした。これは、国家の非常事態である戦争ではみんなが被害を受けており、戦争犠牲や戦争損害は国民が等しく受認しなくてはならない、という考え方です。

これって、わかるようでいて実はよくわからない論理ですよね。

なぜなら、これが軍人軍属には恩給などの国家補償があって、空襲被害者にはないということの説明になるのでしょうか。仮に「軍人軍属は戦地という危険な場所に国家の命令で行ったけど、国民は違う」といわれても、当時の戦争の実態は国家総力戦であり、だからこそ米軍は都市や工場を爆撃して日本の生産力を破壊しようとしたわけです。ましてや、当時の政府は一般国民に対して「生活の一切を決戦態勢へ」「物資は挙げて戦争需要へ」などと、戦争への協力をこれでもかと呼びかけていたんですから。

戦後補償については別項（日本人の「戦没者への補償と追悼」を問う）で詳しくお話するとしても、こうした補償にどうも国の対応がちぐはぐなのは、やはり国があの戦争を総括していないからだと思います。総括がないから「わが国は国家補償についてこう考える」という明確な思想もなく、個別の問題が大きくなったら小手先で対応するようなかたちになってしまったのではないでしょうか。

でもこの「戦争被害受認論」がある限り、これからの政府がいくら戦争だといっても国民が協力するでしょうか。もし戦争になって一般国民に被害が出ても、それはガマンしてくださいといわれるのだったら「冗談じゃない」ということになりそうですが。

冗談はさておき、こういった検証の目的は、単に大本営参謀らが無能だったというレッテルを貼って終わりにすることではないのです。なぜそのような作戦を行ってしまったのか、その背景を分析しつつ、もし日本が再び軍事組織をもつなら、作戦を立てる側はこういうことは決してやってはいけませんよ、かつてのような誤りを防ぐためにこういうシステムをとりなさいよという、次世代への教訓を導きだすことが一番大事なことなのです。

そのためにはあの戦争をただ歴史学的に史実として考えるだけでなく、戦後に培われてきた政治学や組織論などの社会科学的な視点からも総合的に分析し、過去の反省からとるべき政治と軍事の関係といった、この国がどういうシステムを構築していくべきかについてまで徹底的に論じ合ってみたらどうでしょうか。

ヒントを与える読売新聞の「検証・戦争責任」

二〇〇六年に読売新聞が大々的なキャンペーンを張った「検証・戦争責任」という大型

企画がありました。これは読売新聞社の渡辺恒雄会長の肝いりで、「今やらなければもうやるときがない」という強い意思で二〇名近い記者らを動員して検証委員会をつくり、あの戦争の戦争責任を実証的に調査したんですね。僕も、こうしたジャーナリズムの側からの検証は、戦後史的にも意味のある試みだったと思います。

そこでは「満州事変がなぜ日中戦争へと拡大したのか」「勝算のないまま米国との戦争に踏み切ったのはなぜか」「玉砕・特攻を生み出したものは何だったのか」「米国による原爆投下やソ連参戦は避けられなかったのか」「東京裁判で残された問題は何か」という五つのテーマを軸に、重要な局面において責任の重い人物を明示しました。

その結果と、例えば東京裁判で裁かれた顔ぶれとを比べてみるとやはりずいぶんおもむきが違うということがわかります。

まず、昭和天皇の責任という点については、東京裁判でも訴追されませんでしたが、読売新聞の検証でも「法的責任」はなかったと結論されています。つまり、明治憲法から考えても天皇には実質的な権限がもたされておらず、その責は首相や閣僚、参謀総長や軍令部総長が負うべきものとされていました。ですから東條英機を筆頭に、東京裁判で死刑や終身刑を受けた政治・軍事指導者らの多くは、読売新聞の検証においても責任があったとされています。

一方、東京裁判では訴追される前に自決してしまい、被告にならなかった人たちがいます。例えば近衛文麿、参謀総長だった杉山元、陸軍大臣の阿南惟幾らで、ほかに途中に病気で亡くなったため裁判終了となった外務大臣の松岡洋右、軍令部総長の永野修身がいます。彼らは東京裁判でこそ裁かれませんでしたが、読売新聞の検証ではそれぞれ責任の重かったメンバーにあげられています。

これはまさに、僕が先ほどから話してきた、国民の視点からの戦争の再検証としての、一つのひな型のようなものだと思うのです。

僕は読売新聞がこの戦争責任検証プロジェクトに取り組んだ折に、何度か検証チームに招かれて記者たちに話をする機会を与えられ、その一環で行われた二〇〇五年一一月のシンポジウム（戦後六〇年・昭和史の再検証『戦争責任』を考える）のときも基調講演をさせていただきました。

このキャンペーンを主導した渡辺恒雄氏自身、あの戦争では東京帝国大学在学中に学徒動員され、陸軍二等兵だった経験があります。ですからこうした試みに対する彼の志、意欲に僕も強い共感をもちましたし、先に紹介したイギリスのイラク戦争検証報告書に共通する、その日本版としての先駆的なプロジェクトだったと評価しています。

天皇の戦争責任を考える

そろそろ話をまとめないといけませんが、最後に残る、どうしても避けては通れないテーマがあります。それは、天皇の戦争責任という重い話です。

先ほど触れましたように、東京裁判ではマッカーサーの強い意向から天皇の訴追は行われずに終わりました。ただ、この問題は戦後もくすぶり続けます。

特に昭和天皇に戦争責任があると主張したのは主に左翼陣営でした。一言でいうなら左翼の「公式史観」ともいえるもので、例えば「天皇制打倒」といったスローガンとセットになっておりまして、そうした立場の方々から僕もよく「保阪さんは昭和天皇に戦争責任があると思いますか」という質問を講演などで受けた経験があります。

でもこれはある種のトリックというか、「踏み絵」みたいなものなのです。それがわかっているので、僕は答えないことにしてきました。

それはともかく、一方では公の言論の場で昭和天皇の戦争責任云々といった話題はタブーにされていく流れもありました。これは、主に右翼による抗議を恐れてのことですね。昭和天皇が病気で容態を悪くしていた一九九〇年一月、本島等長崎市長が右翼団体員に銃撃され、一命をとりとめるという事件もありました。これも、本島市長が市議会で「昭和天皇にも戦争責任はある」と話したことが引き金になったものでした。

昭和天皇が生前、一度だけこの戦争責任をメディアから問われたことがあります。それは昭和五〇年一〇月三一日の日本記者クラブ代表との会見でした。記者からの「陛下はいわゆる戦争責任について、どのようにお考えになっていますか」という問いに、昭和天皇は次のように発言しました。

「そういう言葉のアヤについては、私はそういう文学方面はあまり研究もしていないのでよくわかりませんから、そういう問題についてはお答えができかねます」

この発言は当時大きく報じられまして、特に天皇に批判的な立場の人々からは「言葉のアヤですむ問題か」とか、「天皇は戦争責任論から逃げた」などと批判の声があがり、とりわけ評判が悪い一言として今に語り継がれています。

でも僕にいわせてもらうなら、その批判はいささか的外れで、昭和天皇に酷な話ではなかったかと思います。僕は以前にもこの発言について、その真意は〈私は戦争責任という言葉の意味について皆さんに語るような表現は持っていません。そういう発言を研究したことはないので、答えることはできないのです〉ということではないかと記したことがあります。もとよりその表現は言外に「何も考えていないわけではない」という意味を含んでいる、と指摘させていただきました。

今あらためてこの回答を読んでみると、そもそも質問の「戦争責任」という言葉が具体的にどんな責任のことを指しているのか、極めてあいまいですよね。おそらく昭和天皇自身だって、この質問を事前に見せられたときに、一言で片づけられる話ではないと思ったのではないでしょうか。

僕であっても、昭和史を長年調べてきて、当時の日本の統治システムにおける天皇の位置付けや、一連の流れのなかでの天皇のふるまいや発言を知れば知るほど、「昭和天皇に戦争責任はあると思いますか」という問いがいかに雑駁な質問で、一言であるとかないとか片づけられる話では決してないと思っています。

そもそも、昭和天皇の戦争責任とは何かというテーマについて、戦後のジャーナリズムやアカデミズムが突っ込んで研究してこなかったのです。特に昭和天皇が健在だったころは、それを正面切って論ずることがタブーになっていたこともあり、敬遠されてきたという背景もあったかと思います。

さすがに昭和天皇が崩御して平成の時代に入ると、講演などでこういう質問をする人もめっきり数が減りました。日本人にはどこか、亡くなった人の悪口をいうものじゃないという意識があるからかもしれません。昭和天皇が亡くなった以上、その戦争責任云々をいってても始まらないだろう、ということにもなるでしょう。

「日本の伝統文化にあり得ない決断」

とはいっても昭和天皇の戦争責任という話は、「責任とは何か」を考えるうえで実に示唆に富み、今後の教訓を引き出すためにもっと深く、精密に論じられるべきテーマかもしれません。

これも僕が先ほど触れた、開戦責任、継戦責任、結果責任といった新たな検証方法のなかで、天皇が果たした役割を論じていけばいいのだと思います。

当時の明治憲法下で天皇は統治権と統帥権を総攬する国家の主権者だったわけですが、昭和天皇は「君臨すれども統治せず」の慣行を守り、あらゆる決定事項は臣下の者たちにまかせ、自身は裁可するだけというかたちをとっていました。その実態から、天皇には政治的、法律的責任はおよばず、それらは臣下の者が負うとする考え方がありました。天皇にとっても皇統を守るという重要な立場から、いちいち政治的、法的責任を負うことになればその存続すら危うくする事態も起こりえます。

ですから、昭和天皇が「股肱の臣に気の毒なことをした」という道義的な責任は感じていたとしても、政治的、法的責任についてはもともと自分にはない、と考えていたとしてもまったく不思議ではありません。

昭和二〇年四月、昭和天皇は篤く信任していた鈴木貫太郎に内閣を組閣させました。天皇は何としても早く終戦への道筋をつけたいという強い信念で、老臣である鈴木にそれを託したのです。

本土決戦、徹底抗戦を主張する陸軍を押さえながらの終戦への工作が、いかに大変なものだったか……。

二〇一六年九月に政治家だった加藤紘一さんが、惜しくも亡くなられました。自民党宏池会を長年率い、総理大臣になってもおかしくない優秀な方でした。

先にも触れましたが、二〇〇五年に読売新聞社の主催で「戦後六〇年・昭和史の再検証『戦争責任』を考える」というシンポジウムがあり、僕もパネラーとして討議に参加させていただきました。加藤紘一さんも参加メンバーの一人で、終戦工作について話題がおよんだところでこんなお話をされています。

「現実に、私たちも政治家をやっているわけですから、『退く』という決断の難しさは強烈なものだと思います。特に、人、国民の命がかかわるような事柄について決断することは、私はすさまじい苦悩だろうと思います。それまでの間に、おそらく二百万人から三百五十万人ぐらいの人々がすでに死んでいる。それでも本土決戦で一撃して、そして勝つ、というための決断であれば私ならやっただろうし、阿南惟幾陸相もそれを考えたのかもしれない。しかし、これをもって敗戦と決定し、三百万人の人たちの命は何を意味したのだろうということを問われる決断をするというのは、日本の政治の社会、日本の文化伝統の中ではほとんどあり得ない決断だったのではないかと思います」（『検証「戦争責任」Ⅰ』、読売新聞戦争責任検証委員会編より）

さすがは重大な決断を幾度となく経験されてきた、政治家の加藤さんらしいコメントだと思います。昭和天皇は、加藤さんが指摘されたように「日本の政治の社会、日本の文化伝統の中ではほとんどあり得ない決断」をし、すさまじい苦悩のなかで戦争を終わらせる努力をしたことは事実ですし、それは『昭和天皇実録』を読んでも伝わってきます。

天皇があの戦争にいたる過程、そして戦争が始まって終わるまでの過程でどのようなことをしたのか、何を考えていたのかをつぶさに見ていけば、「天皇に戦争責任はあったか」という単純な問いかけでは何も明らかにならないことがわかるはずです。

僕は今こそ、この国が国家プロジェクトとして太平洋戦争に関する大がかりな検証委員会をつくって、あの戦争を総括しなければならないと思うのです。それは自衛隊がこれからより危険な現場に直面するようになる前にやらなければおかしいし、そもそもあの戦争に対する国家の総括なくして、この国は軍を動かしてはならないのです。

歴史研究者だけでなく法律家から外交経験者などあらゆる専門家を入れて、それこそイギリスのイラク戦争検証委員会に負けないものにしてほしい。そうしてこそ、私たちの国は「歴史に学ぶ」国たりえるのですから。

日本人の「広島・長崎論」を問う

オバマ広島演説に思ったこと

「71年前の明るく晴れわたった朝、空から死が降ってきて世界は一変しました。閃光と炎の壁によって町が破壊され、人類が自らを破滅させる手段を手にしたことがはっきりと示されました」（米国大使館HP「広島平和記念公園におけるバラク・オバマ大統領の演説」翻訳より抜粋）

二〇一六年の五月に伊勢志摩で開かれたG7サミットの際に、オバマ大統領がアメリカの現職大統領として初めて広島を訪れ、原爆慰霊碑に献花したニュースはメディアでも大きく取り上げられましたね。

当初は原爆投下の是非に敏感なアメリカ世論に配慮して短めのスピーチしかしないだろうという見方が大勢でした。僕もそう思っていたのですが、ふたを開けてみれば一七分間におよぶ大演説、二〇〇九年の「核なき世界」の実現を呼びかけたプラハ演説に匹敵する内容でした。

もちろん、その演説に対しては「一方でアメリカは新しい核兵器の開発を進めているではないか」とか、「核兵器廃絶への具体的なプランを語っていない」、はたまた「任期が残り少ないなかで後世に残る実績づくりに走った」など、さまざまな識者による批判があることを承知でいうなら、僕自身はヒロシマの地から原爆投下の当事者であるアメリカの大統領が世界に発信したメッセージとして、とても普遍性の高い、インパクトのある内容だったと思います。

ヒロシマ、ナガサキを人類史に刻み込む、哲学的なスピーチの内容もさることながら、スピーチが終わって前列に座っていた被爆者の代表に歩み寄り、会話中に涙ぐんでしまった方を優しく抱きしめるシーンは感動的ですらありました。アメリカの大統領らしい心配りで、なかなか日本人ではできないやり方です。
スピーチの全文をよく読んでみると、おそらくかなり綿密にスピーチライターが練ったのだろうなあと感じさせる点が、随所に出てきます。例えば先に紹介した冒頭の次に、「私たちはなぜここ広島に来るのか」と問いかけながら、こう続けます。
「私たちはなぜ、ここ広島を訪れるのでしょうか。それほど遠くない過去に解き放たれた、恐ろしい力についてじっくりと考えるためです。10万人を超える日本人の男女そして子どもたち、何千人もの朝鮮半島出身の人々、12人の米国人捕虜など、亡くなった方々を悼むためです。こうした犠牲者の魂は私たちに語りかけます。彼らは私たちに内省を求め、私たちが何者であるか、そして私たちがどのような人間になるかについて考えるよう促します」（同）
原爆被害者には日本人だけではなく、朝鮮半島出身者の人たちもいたんだよということをさりげなく入れています。韓国に対してもきちんと配慮していることが十分に伝わってきます。

それに加えて、一二人の米国人捕虜が原爆で亡くなっていることにも触れています。実は、この被爆死していた米国人捕虜の話というのは当のアメリカでは、あまり知られていないのだそうです。むしろ隠されていたのでしょう。

察するならアメリカの、特に国家の側からすれば、あまり知られてほしくない事実だったと思うんです。なぜなら、同胞を原爆で死なせたことになるわけで、ともすれば原爆投下の是非について国内から議論が噴出しかねない話でしたから。

謝罪を求めなかった理由を世界に

でもこうした事実を淡々とオバマ大統領が述べることで、直接な謝罪の言葉はなくとも、あの原爆というものがどれだけ罪深い行為だったのかという印象をきちんと埋め込んでいるように受け取れます。

オバマ大統領は演説が巧みなことで知られるわけですが、そんなところが一枚上手だなあと感心してしまいました。演説の結びも、広島、長崎が人類に与えた教訓についてうまくまとめています。

「この地で世界は永遠に変わりました。しかし、今日この町に住む子どもたちは平和な中で一日を過ごします。なんと素晴らしいことでしょう。これは守る価値があることであり、全ての子どもに与える価値があることです。こうした未来を私たちは選ぶことができます。そしてその未来において、広島と長崎は、核戦争の夜明けではなく、私たち自身が倫理的に目覚めることの始まりとして知られるようになるでしょう」(同)

この後、安倍総理大臣も並んでスピーチをしているのですが、残念ながらボリュームのあるオバマ演説に押されてか、印象の薄いものになってしまいました。安倍演説の全文を読んでも、無難にまとめられているといいますか、毎年広島・長崎で行われる平和記念式典での総理大臣あいさつとあまり変わりがない印象をもちました。

むしろ日本側がオバマ大統領に謝罪を求めなかった理由を強調したほうが、世界にもっと伝わるような気が僕にはしました。やはりアメリカの大統領に謝罪してほしいという被爆者の方々の心情もありますし、でも日本政府がオバマ氏を広島に迎えるにあたって謝罪を求めなかったことから、訪問が実現したと伝えられているわけです。

それならあえて、例えば「アメリカには確かに原爆投下の罪があるが、かつての日本の政治・軍事指導者にもそれに匹敵する罪がある。だから現在の日本はあなた方の罪は問わない。だが核廃絶の責任は両国で負っていこう」というぐらい、踏み込んでもよかったのではないかと思うのです。

そのほうが海外から見ても理解しやすいでしょうし、安倍演説も歴史的な演説として評価されたのではないでしょうか。

話は脱線して、これは毎日新聞で僕が連載しているコラム『昭和史のかたち』でも触れたことですが、あの広島でのオバマ演説に負けないほどのスピーチができる日本の首相は誰だろうか、と僕は考えてみたのです。

つまり、あのような大演説の後に自分が演説することになり、用意した原稿の棒読みではとてもかなわない、こうなったら即興で被爆国としての考え方を世界に示してやろうじゃないか……。そんなことができる総理大臣は誰か、というちょっと空想めいた話ですが。

そのためにはそれなりの哲学を持っていなければならないし、語彙を豊富に持っていないとできません。語彙の豊富さは、その人の読書量によるでしょう。

僕がこれまでさまざまな政治家の自伝や回想録などに接してきた経験から類推すれば、そんなことができる戦後の首相といえば吉田茂か石橋湛山、大平正芳の三人ではないかと思います。吉田はあのマッカーサーや米講和条約特使だったJ・F・ダレスらを手玉に取ろうとしたほどの知略家でしたし、石橋も確固とした思想を持ったリベラリストでした。大平は一般的には「アーウー」と演説が上手でなかったという印象がありますが、相当な読書家で、演説内容のレベルもかなり高かったというベテランジャーナリストらによる評価もあります。

この三人だったら、あのオバマ演説を聞いた後に、被爆国として負けられるかと、世界に日本の立場や考え方を述べるだけの「言葉」を持っていたのではないかと思うのです。

「それは、この地上でかつて経験したことのないものとなろう」

今回のオバマさんによって、とりあえずは原爆を投下した側のアメリカの大統領が被爆地を訪問するという、これは被爆者の方々も長年望んでいたことですが、それが実現したわけです。

ただ、もう一方で、当事者であるアメリカによる謝罪という行為も、日本人がこれまで希望してきたことでもあります。

例えば、「被爆から七〇年」の節目でもある二〇一五年八月、朝日新聞が約二万人の被爆者にアンケートを行っています。最終的にそのうち六〇〇〇人近くから回答を得たそうですが、そこに次のような質問と回答の結果がありました。

質問「アメリカの大統領は広島・長崎を訪問すべきと思いますか」

回答「訪問して謝罪すべき」　　　四三・四

「訪問すべきだが謝罪は必要ない」　二四

「訪問してほしくない」　三・七

やはりというか、被爆者の方々にすれば訪問だけでなく、謝罪もしてほしいという声が圧倒的であることがわかりますね。

ただ現実的には、謝罪もセットであったら今回のオバマ大統領の広島訪問も実現は難しかっただろうというのが大方の見方でもあります。やはりアメリカ世論は、今なお自国のトップが広島で謝罪することにかなりの抵抗をおぼえるということなのでしょう。

では原爆に対するアメリカの謝罪という行為は、今後ありうるのでしょうか。別の問いにするなら、なぜアメリカ国民は原爆投下について謝罪しようとしないのでしょうか。まずはそこから考えてみたいと思います。

ではまた時計の針をぐっと巻き戻して、このオバマ演説から七〇年前、正確には七〇年と九カ月前にしてみましょう。

実はそのときにも、今回のオバマ演説に負けないくらいに長文のアメリカ大統領による演説がラジオで流れ、翌日にはアメリカの新聞にその全文が掲載されました。一九四五年八月六日のものです。

「一六時間前、米国航空機一機が日本陸軍の重要基地である広島に爆弾一発を投下した。その爆弾は、TNT火薬二万トン以上の威力をもつものであった。それは、戦争史上これまでに使用された爆弾のなかで最も大型である、英国の『グランド・スラム』の爆発力の二〇〇〇倍を超えるものだった。

日本は、パールハーバーにおいて空から戦争を開始した。彼らは、何倍もの報復をこうむった。にもかかわらず、決着はまだついていない。この爆弾によって、今やわれわれは新たな革命的破壊力を加え、わが軍隊の戦力をさらにいっそう増強した。これらの爆弾は、現在の型式のものがいま生産されており、もっとはるかに強力なものも開発されつつある。

それは原子爆弾である。宇宙に存在する基本的な力を利用したものである。太陽のエネルギー源になっている力が、極東に戦争をもたらした者に対して放たれたのである。（中略）

今やわれわれは、日本のどの都市であれ、地上にあるかぎり、すべての生産企業を、これまでにもまして迅速かつ徹底的に壊滅させる態勢を整えている。われわれは、日本の港湾施設、工場、通信交通手段を破壊する。誤解のないように言えば、われわれは、日本の戦争遂行能力を完全に破壊する。

七月二六日付最後通告がポツダムで出されたのは、全面的破壊から日本国民を救うためであった。彼らの指導者は、たちどころにその通告を拒否した。もし彼らが今われわれの条件を受け容れなければ、空から破壊の弾雨が降り注ぐものと覚悟すべきであり、それは、この地上でかつて経験したことのないものとなろう。この空からの攻撃に続いて海軍および地上軍が、日本の指導者がまだ見たこともないほどの大兵力と、彼らにはすでに十分に知られている戦闘技術とをもって進攻するであろう」

トルーマン演説に見る原爆投下の正当性とは

これは冒頭に「一六時間」とあるように、広島に原爆が投下されてから一六時間後に公表されたアメリカの当時の大統領、ハリー・トルーマンによる演説からの抜粋です。

これを読むと、アメリカが原爆を投下したことの正当性がすでに触れられています。一つはパールハーバー（真珠湾）、そして「極東に戦争をもたらした者」とあるように、日本がこの戦争を始めたのだという点を押さえています。それを決着させるために原爆を投下した、という論理です。

もう一つは、日本に対して出されたポツダム宣言を日本が拒否したからだ、という論理です。

ポツダム宣言とは一九四五年（昭和二〇）七月二六日に米・英・中三国の連名で発表された対日降伏勧告で、軍国主義の除去やそのための占領を行うこと、日本の主権が本土四島に限定されるなど全一三条からなり、これらを受け入れて無条件降伏しなければ、「完全なる壊滅」を受けることになるという最後通告でした。

宣言を通告された鈴木貫太郎内閣は、これを「無視」するという方針をとるのですが、新聞に発表する際にそれが「黙殺」という表現になり、連合国側には「拒絶」したと受け取られてしまうんですね。

つまり原爆投下は、日本がしかけてきた戦争を終わらせるためであり、かつポツダム宣言を日本が拒否したからという、二重の正当性があるのだというのが米トルーマン大統領の論理になります。

さらに日本の敗戦後、しばらくして「原爆を使わなければ、戦争は長期化し一〇〇万人のアメリカ兵が犠牲になった」という見解を、当時の陸軍長官だったヘンリー・スティムソンがアメリカで発行される有名な政治論壇誌に寄せています。

これは先ほどのトルーマンが示した二重の正当性に加えて、もし原爆を使っていなければ日本本土への上陸作戦が行われることになり、その結果もたらされる日米の死者は原爆のそれをはるかに上回ったはずだ、という論理です。これこそ、現在にいたるまで多くのアメリカ人が原爆投下の正当性として使い続けている論理そのものなんです。

その後アメリカでも、日本に原爆を使用しなくても敗戦は時間の問題だった、原爆投下はアメリカが戦後の対日占領政策を有利に進めるためソ連を牽制するのが目的だったとする研究が出てきます。

日本でも、福岡大学教授だった西島有厚さんが一九八五年（昭和六〇）に著した『原爆はなぜ投下されたか』（青木書店）という本で、アメリカの政治的な目的のために投下された原爆によって広島、長崎の市民はモルモットのように殺された、と結論づけています。

謝罪を拒否したエノラ・ゲイ搭乗員の真意

ところが、今でもアメリカ人に広く受け入れられてなかば常識となっているのは、原爆を使わなければもっと多くの日米の犠牲者が出たのだから、投下は正しかったとする話なんですね。

それを象徴するのが、広島に原爆を投下したエノラ・ゲイ号の搭乗員らの証言です。二〇一四年に、一二人の搭乗員のうち最後の生き残りだったセオドア・バンカークさんという方が九三歳で亡くなっているのですが、この人をずっと追いかけた日本経済新聞の記者がいるんですね。

その記事によると、バンカーク氏は記者の「原爆投下は必要だったのか」という問いに、晩年まで「（原爆で）奪った命より、多くの命を救った」と一貫してぶれがなかったそうです。これはまさに、スティムソンが使った論理そのものです。

面白いのは、バンカーク氏は次のようにも話しているんですね。

「日本は少なくとも6ヵ月前には降伏しているべきだった。空軍力も海軍力も失い、勝つ見込みが全くなかったことは、軍も分かっていたはずだ。日本の指導者がなぜかたくなに降伏を拒んで戦争を続け、国民をこんなひどい目に遭わせたのか理解できない」

要は、日本の当時の指導者らが敗北を受け入れず、徹底抗戦を続けたことが悪いというわけです。

このバンカークさん、記事によれば後年はオバマ大統領の「核なき世界」に共鳴していたそうです。日経の記者も当然ですが、原爆投下について日本人に対して謝罪の気持ちがあるのかどうかをかなり突っ込んで聞いているんですね。

そのやりとりが大変興味深い内容なので、あえて引用させていただきます。

「広島で被爆した個々人に対しては、最初の取材時から『気の毒（sorry）なことをした』と語っていた。（中略）『気の毒（sorry）』という言葉の意味合いを確かめるため、『個人に謝罪（apology）しなければいけないという意味か』と尋ねた。同氏は『謝罪とは違う』と答え、『もし謝罪すれば、（勝算がない戦争を続けた）日本の指導者が果たした役割についてまで責任を負うことになる』と説明した」（日本経済新聞電子版「エノラ・ゲイ元航空士が遺した、原爆の『過ち』と誓い」二〇一五年八月六日版）

僕にはこのバンカーク氏の態度が、アメリカ人大多数のそれを代弁しているように思えました。どうも、謝罪という行為に関する考え方が日米で大きく違うのでしょうね。

アメリカの「負い目」と神話化

日本人はどちらかというとすぐに謝りますけれど、受け入れてもらえないと今度は「何度謝ったら気がすむんだ」という反応が日本人の側に出てくる。つまり日本人というのはまず謝って、はい、後は水に流しましょう、という感覚でしかないのですが、アメリカ人には一旦謝ってしまうとそこに罰や責任といった自分たちの側の問題が付随するという意識があるのでしょう。だからそう簡単に、謝罪はしないということなんだろうと思います。文化の違い、といっていいのかもしれません。

でも、原爆が使用されればどれだけ悲惨な被害を引き起こすかという事実が、多くのアメリカ人の間で共有されてきているのは間違いないのです。このバンカークさんにしても、そうした原爆被害の実態を知ったからこそ、謝罪こそ拒否しても「気の毒」とは思うようになり、オバマ大統領の「核なき世界」に賛同するようになったのでしょうから。

ただよく考えてみれば、原爆を使わなかったらそれ以上の死者が出ていたという話は、あくまで歴史のイフのような仮説にすぎないのです。

つまり、仮説をあたかも事実であるがごとく反論の材料にしなければならないところに、それが「神話化」されて定着してしまったといいますか、アメリカ人にとっても自身の正当性の弱点を補ってくれる格好の論理として、それが広く使われるようになったということなのかもしれません。

もしかしたら、広島や長崎の惨状や放射線障害の恐ろしさを知れば知るほど、アメリカ人は謝罪できなくなっている、というのが本当のところではないでしょうか。

アメリカ人の正義観からすると、原爆とは「悪の侵略者に対する当然の報い」でなくてはならず、それが「罪のない子どもたちを含めた一般市民を大量に殺戮し、しかも生涯にわたる放射線障害で多数の生存者を苦しめた」ことであってはいけないんですね。

原爆投下の正当性が否定されれば、たちまちにして「アメリカの正義」なるものが揺らいでしまうことを一番よくわかっているのは、当のアメリカ人自身でしょうから。

このあたりのアメリカ人の心理を僕なりに分析するなら、あの戦争は日独伊というファシスト勢力に対峙した自由主義国アメリカの「正しい戦争」であり、そこには一点の曇りも許されない、という強い考え方が一貫して存在し続けている、ということではないでしょうか。

ただ二〇一六年のアメリカ大統領選挙に関する報道を見聞きしていて、そんな理想に燃えた「古き良きアメリカ」というのはもうどこかに消えてしまったのかと思うとがっかりします。大接戦の末に大統領となったドナルド・トランプさんが日本の核保有を容認するような発言をしたそうですが、日米の歴史的な積み重ねを知りもしない人物が大統領になるとは……。

トランプさんの発言だけでなく、アメリカを含めての現在の国際社会が「核」について語るときに、単に核戦力均衡論の論理だけが前面に出ていることに私たちは気がつかなくてはなりません。それは、核による「痛み」が時間とともに薄れてきている証拠ではないでしょうか。

そういう時代だからこそ、日本だけでなく世界にとってあの原爆とは何だったのかを再考する意味があるのだと思います。

原爆投下直後の被爆者らの怒り

それでは視点をガラッと変えまして、日本人はなぜ、アメリカにもっと原爆投下の謝罪を堂々と求めてこなかったのでしょうか。もちろん日本が戦争に負けた側だからというのもわかりますが、もう今では立派な同盟国なんですから、もっとずけずけとアメリカにもの申す政治家が出てきてもおかしくないのですが、見当たりませんね。

これは原爆に限った話ではありません。

原爆は無差別爆撃の一つですが、その意味においては、東京をはじめとする大都市への空襲被害者のことも忘れてはいけません。例えば一九四五年（昭和二〇）三月の東京大空襲だけでもたった一晩の空襲で死者は一〇万人を超えたといわれ、全国各地の空襲で命を落とした人の数ははっきりしていないのですが、少なく見積もっても二五万人以上という膨大な数でした。

原爆の被爆者に対しては国が援護法をつくって補償が行われてきましたが、一般の空襲被害者に対してはそれがありませんでした。二〇〇〇年代に入ってから空襲被害者の人たちが国を相手取って補償を求める訴訟を提起したものの、進展してはいません。

確かに原爆被害は放射能による後遺症という特殊な被害が考慮されているのはわかるのですが、原爆被害者には補償がなされ、それ以外の被害者には補償しないというのは果たして公平なのかどうか……。

もし私たちがヒロシマ、ナガサキについてアメリカに謝罪を求めるのなら、やはり同じように、こうした空襲被害についてもそれを求める必要があるはずだと僕は思います。

でも、アメリカに謝罪を要求しようという意思がどこか日本人に弱いというか、腰が引けているんですね。これは政治家だけでなく、日本のジャーナリズムにもいえます。

どうしてそうなってしまったのか、今度は日本の歴史的な背景をおさらいしておこうと思います。

まずは被爆直後の、広島の被爆者たちの反応を確認しておきましょう。次に引用するのは、当時多数の被爆者を収容していた広島逓信病院の院長だった蜂谷道彦さんがまとめた『ヒロシマ日記』(朝日新聞社、一九五五年)のなかに出てくる、八月一五日の終戦のときの状況です。


「(中略)突然誰か発狂したのではないかと思われるほど大きな声で『このまま敗けられるものか』と怒鳴った。それに続いて矢つぎばやに『今さら敗けるとは卑怯だ』『人をだますにもほどがある』『何のために今まで辛抱したか』『これで死んだものが成仏できるか』いろんな表現で鬱憤が炸裂する。病院は上も下も喧々諤々全く処置なき興奮状態に陥った。日ごろ平和論者であった者も、戦争に厭ききっていた者も、全て被爆この方俄然豹変して徹底的抗戦論者になっている。そこへ降伏ときたのだからおさまるはずがない。すべてを失い裸一貫。これ以上なくなることはない。破れかぶれだ」

大変生々しい、被爆者たちのアメリカに対する怒りがストレートに描写されています。

たった一度の抗議声明

そもそも八月六日午前八時一五分に突然空から現れた大量殺人兵器で広島市街が壊滅的な被害を受け、命からがら病院へたどり着いて治療を受けていたような状況下です。家族や知人を失った人もいれば、その消息さえ不明な人も多かったでしょうから、その日からわずか九日後（長崎は原爆投下から六日後）に突如知らされた日本の降伏という現実を、一般国民以上に受け入れることは、被爆者にとって困難だったに違いありません。

でもここで注目しておきたいのは、彼らの怒りが、「敗けた」ことでアメリカへの復讐の機会を失わせた、日本の政府や軍部に対しても向けられていることです。

ところが、被爆者たちの「怒り」は、敗戦国となった日本が連合国による占領支配を受ける過程で、巧妙にコントロールされていくことになります。

当のアメリカも、広島や長崎が反米的な気運の象徴になりうることを承知していたでしょうし、戦後占領期は日本の新聞メディアが原爆投下の違法性やその残虐性に触れると発禁処分にするなど、かなりシビアなプレス・コード（検閲）を布いたことは事実です。

例えば、当時の政治家、鳩山一郎が朝日新聞に原爆使用の非道性をアメリカにもっとわからせるべきだとコメントしたら、朝日新聞がGHQから一週間の発行停止処分を受けたことは有名な話です。それ以外にも、被爆者が詠んだ詩に対してまで、かなりナーバスに掲載を中止させるなどの検閲を行っていました。

実はこれも意外に知られていない話なのですけど、日本政府が戦前、戦後を通じて公式に原爆投下についてアメリカを非難したのは一回だけ。それも、投下直後の八月一〇日に出した政府声明だけなんですね。

それは、アメリカは毒ガスその他の非人道的な武器の使用を不法とし、相手国が使わない限り自分たちも使わないと言ってきたのに、この新型爆弾（原子爆弾）は毒ガスなどをはるかに凌駕する残虐なものではないか、国際法や人道の根本原則を無視するアメリカに対し「帝国政府はここに自らの名において、かつまた全人類および文明の名において米国政府を糾弾すると共に即時かかる非人道的兵器の使用を放棄すべきことを厳重に要求」する、という内容でした。

もちろん当時は戦争の最中ですから当たり前といえば当たり前ですけれど、戦後は広島、長崎での原爆慰霊祭などで披露される歴代総理大臣談話をみても、原爆投下の是非に関する話は消え、日本は「唯一の被爆国」であり、だからこの悲劇をくり返さぬため「核廃絶」を世界に訴える、という姿勢に統一されてきたことがわかります。

広島の原爆記念碑の有名な碑文「安らかにお眠りください　過ちは繰り返しませぬから」も、一体誰が「過ちを繰り返さない」のか、主語がありませんね。主語が「日本人」なのか、「日本政府」を指しているのか、それとも「アメリカ」もしくは「世界人類」なのか……。一時期は碑文の主語をめぐって議論になった歴史がありました。

国内でしか通用しない「被爆国」の論理

どうして日本人は原爆使用の当事者であるアメリカの罪を公的に問うたり、非難しなくなったのか。そのあたりをあらためて考えてみると、大きく二つの理由があったと僕は思うのです。

ひとつは、アメリカによる原爆投下を招き寄せた要因が日本にもあったと、日本人自らがそう考えているからですね。まずはアメリカに戦争を仕掛けたのが日本だったという点です。

これは先に確認したトルーマン演説にも出てくる話ですが、加えて開戦通告が遅れて結果的に「だまし討ち」になってしまったことも、私たちに反論しづらくさせている理由の一つでしょう。何もそれはだまそうとしてそうなったわけではなく、手続き上のミスで通告が遅れてしまったのですが、こういう歴史上の話は結果がすべて、後になってあれこれ理由を並べたてても言いわけになるだけです。

それだけではありません。例えば、「無条件降伏をのまなければ日本を徹底的に破壊する」という連合国によるポツダム宣言を、私たちの国の政府が「黙殺」した結果の原爆投下だった、という点もそうです。これをアメリカ人に持ち出されると、どうも反論しづらいところが日本人にはあります。

無条件降伏では国体の護持ができないと、本土決戦による有利な講和をもくろんだ軍部に引きずられるようにして戦争を継続したことも、「日本側の落ち度」になってしまったわけです。先ほど紹介したエノラ・ゲイのパイロットも同じようなことを話していますけど、これを言われると私たちの国は押し黙るしかありません。

こうした、あの戦争における「日本側の責任」ということ以上に、アメリカの原爆投下に対して日本がその責任を問えなくしている理由がもう一つあります。これは「戦後」の問題ですね。

このあたりを、アカデミズムの若手研究者が見事に解き明かしています。奥田博子さんという方ですが、彼女の著した『原爆の記憶―ヒロシマ／ナガサキの思想』（慶応義塾大学出版会、二〇一〇年）はこれまでの「広島・長崎論」にはない、奥行きの広さが感じられました。

広島・長崎から発信される反核運動がなぜ世界に広がらないのか。それが運動そのものが内向き、つまり国内にしか通用しないという実態にあるからだという点についても、詳細に論じておられます。

その本から引用させていただきます。

「冷戦終結から二〇年の歳月を経て、非核三原則を「国是」として掲げてきた日本政府の外交政策の正当性があらためて内外から問われている。日本政府は、国内に向けては「唯一の被爆国」として戦後一貫して原子爆弾／核兵器に反対して核軍縮に努めることを高らかに謳う姿勢を強調してきた。しかし、国際社会においては、米国の核戦略の一翼を担っているという現実路線に立って日本への核兵器の持ち込みを容認し、しかもその事実を五〇年以上にわたって隠蔽してきたのである。このように究極の安全保障を米国の「核の傘」に頼ってきたことによって、日本政府の言う非核三原則という「国是」が虚構《フィクション》でしかなく、「唯一の被爆国」ないし「唯一の被爆国民」という道徳的な訴求力《アピール》が空洞化してしまっていることは明らかだろう」

虚構としての「非核三原則」

「戦後」の問題とはそう、日米安全保障条約の存在のことです。日本は国内向けには「非核三原則」といって、わが国は唯一の被爆国として核を持たない、つくらない、持ち込ませないと、子どもたちにもそのように教えてきたわけです。

ところが、その「持ち込ませない」というところがウソでした。まあ、「持ち込ませない」の定義が何なのか、ということにもなりましょうが、日本の歴代政権が米軍による核の持ち込みを黙認してきたわけです。

その事実が明らかになったのは、鳩山由紀夫内閣のときに岡田克也外相が、有事などにあたってアメリカの核搭載船が日本に寄港することを日本側が認めていたとする密約があったのかどうかについて、調査を命じたことによります。

外務省と有識者会議による調査結果が二〇一〇年三月に公表されまして、密約の存在を示す文書は見つからなかったものの、広義の密約が存在したと結論づけたんですね。

アメリカ軍は核戦争を想定する軍隊ですから、常に核を装備した艦船や航空機などを思いのままに動かしたいわけです。いちいちその寄港などのために日本政府の了解をめぐってゴタゴタしたら、作戦に支障をきたすということなんでしょう。そういうアメリカ側の意向を日本側がくんでいたわけですが、とはいえ国内的には差し障りがあるから密約になったということです。

奥田さんが「非核三原則という『国是』が虚構でしかない」と記しているのは、このことを指しているのです。

さらには、日米安保体制によって事実上、日本はアメリカの核の傘に入るかたちになり、その核抑止力に守られてきたという現実があります。やはりこれなんですね、日本が原爆投下の正当性をアメリカに問えない最大の理由は。

実はこの現実こそ、アメリカに対してだけでなく、世界に対しても反核という立場を強く押し出せない最大の理由なんだと思います。本来なら日本が世界で唯一の被爆国として世界の核廃絶運動をリードしうる立場にあるのに、それができない。なぜならロシアや中国といった核保有国に「核はやめましょう」と日本が主張しても、説得力がありません。「そういうお前たちはアメリカの核に守ってもらっているじゃないか」と言われてしまいますから。

被爆者たちのジレンマ

先ほど、朝日新聞の被爆者の方々へのアンケートを紹介しました。アメリカの大統領が広島を訪問すべきかという問いに、四割以上の方々が訪問して謝罪すべきだと回答されました。原爆によって家族を失い、被曝に苦しんでこられた被爆者の方々の立場になってみれば、当然の感情でしょう。

しかし、アンケートは次のような結果も示しています。

質問「日本は被爆国である一方で、米国の『核の傘』に安全保障を依存しています。この日本政府のスタンスをどう思いますか

回答「おかしい」　二五・六

「やむを得ない」　四三・七
「問題ない」　一・五
「わからない」　一九・七

質問「日本政府は核兵器廃絶に積極的だと思いますか」
回答「思う」　二一・一
「思わない」　四五・五
「わからない」　二六・八

被爆者の大半も、日本が被爆国でありながらアメリカの核の傘に依存していることを「やむを得ない」と感じている、ということなんです。

被爆者の方々は戦後七〇年間、大変なジレンマを抱えてこられたんだなあと思います。声を大にして当事者であるアメリカに謝罪を求めたいし、またこのような非道な兵器を許してはいけないと世界にも伝えたい……。でも、自分たちの国がその抗議の対象であるはずのアメリカの核に守られているという現実も、受け入れざるをえなかったわけです。

死者と死者を相殺しないという思想

確かにオバマ大統領の広島訪問で、明確な謝罪の言葉はありませんでした。その点に物足りなさが残ったことは事実だと思いますが、今回の訪問後に行われた被爆者団体へのアンケート結果を見ると、「とても意味があった」「まあまあ意味があった」という声が九割を占めているそうです。

私たち日本人は、「ヒロシマ・ナガサキ」の記憶を投下した側であるアメリカとどう共有し、また世界に何を発信していけばいいのでしょうか。このことは、ある意味で私たちの思想が問われる問題でもあるはずです。

ありうべき私たちの態度とは何か。それは例えば、責任を追及しあうような「同時代史」的な姿勢から一歩距離を置き、ヒロシマ、ナガサキを「歴史」的事実として共有していく、というのが一つの選択かもしれません。

日本側が謝罪を要求しなかったことで、オバマ大統領の広島訪問、そして原爆慰霊碑での献花が実現したわけです。それによってアメリカは歴史上、初めて公式に原爆犠牲者に対して追悼の意を表したことになります。

かつての敵味方の関係を超えて、加害者と被害者双方がそろって追悼を行い、双方の歴史に刺さっていたトゲを抜く……。実は今回のオバマ広島訪問のような追悼の実現を、かねてから日米双方で働きかけていたジャーナリストがいます。共同通信社OBで、現役時代はワシントン支局長も勤められた松尾文夫さんという方です。

松尾さんは戦後五〇年だった一九九五年、海外に出張しているときにテレビでドレスデン爆撃の追悼式典をたまたま見て、腰を抜かさんばかりに驚いたんだそうです。

ドレスデンはドイツ東部の大都市で、第二次大戦末期に英・米連合軍による無差別爆撃で三万人以上の市民が亡くなった歴史があります。そのドレスデンでの爆撃五〇周年を記念する追悼式に、加害者側である米国の陸軍元帥や英国エリザベス女王の名代が出席していたことに、松尾さんはショックを受けたのです。当時の日本では、アメリカの大統領が被爆地を訪問することすら想像もできなかったような時代だったでしょう。

戦後五〇年といえば、アメリカのスミソニアン博物館が「エノラ・ゲイ五〇周年記念特別展」と題した原爆展を企画した際に退役軍人らを中心とする世論の猛烈な批判が起こって中止に追い込まれるという出来事があったほどです。

ドレスデン空襲式典の意義とはつまり、被害者が加害者に責任を認めさせ、謝罪を迫るということから離れて、その犠牲者が味わったであろう恐怖や苦痛に、加害者と被害者双方が思いを馳せ、追悼すると同時にこれからは共に平和と共生を誓う、という考え方なんですね。

この式典に出席していた当時のドイツ連邦大統領、ローマン・ヘルツォーク氏はそこで「生命は生命で相殺することはできない」という演説をしました。これが、実はとても重要な考え方なんじゃないかと思います。要するに、ドイツが始めた戦争で他国に多大な迷惑をかけたことは事実だけれど、そのことでドレスデン爆撃の被害者の存在を打ち消そうとすることはできないのだ、それとこれとは別のことなのだ、という論理なのです。

今僕がこの考え方をとても重要といったのは、原爆投下の正当性の理由としてアメリカ人がよく使う「原爆を投下しなければ一〇〇万人のアメリカ兵が死んでいた」という話は、まさに生命を生命で相殺する考え方です。一〇〇万人のアメリカ兵の死者を救うために、ヒロシマ、ナガサキの犠牲はやむを得なかった、というものですから。

松尾さんはこのドレスデン追悼式典を見て以来、アメリカの大統領が広島で献花し、今度は日本の総理大臣がハワイの真珠湾にあるアリゾナ記念館で献花するという「相互献花」を実現させようと運動を続けてこられました。彼の構想はそれに留まらず、あの戦争に関係した他の国々も巻き込んで、みなで相互献花することで、あの戦争をめぐる歴史への清算に糸口を見いだせないかという壮大な話なのです。

この松尾さんの夢は、きっかけになったドレスデン爆撃追悼式から二〇年もの歳月がかかりましたけど、ようやく一段階目が実現したことになります。

この後、日本の首相が真珠湾で献花したり、他の国々との相互献花がどこまで実るのかはわかりませんが、先ほどのヘルツォーク大統領が話した、死者と死者の相殺はできないのだという考え方を共有できるようになれば、歴史問題でいつもギクシャクするような関係が改められるのかもしれません。

無差別爆撃を「ジェノサイド」として問えるか

もう一つの「ありうべき私たちの態度」としては、第二次世界大戦で大規模に行われるようになった無差別爆撃という行為をもっと歴史的事実として研究を深め、その非人道性、戦争犯罪性を普遍化していく作業だと思います。

そのなかで、一九九〇年代ころから日本にも紹介されるようになってきた、ジェノサイドに関する研究というものがあります。

ジェノサイドとは一般的には集団殺戮、国際法上では「集団殺害罪」という意味です。第二次世界大戦下で起こったナチスドイツのホロコーストなどを念頭に、一九四八年（昭和二三）の国連総会でジェノサイド条約（集団殺害罪の防止及び処罰に関する条約）が採択され、国際法の定義になったんですね。それは次のような内容です。

「この条約において、ジェノサイドとは、国民的、民族的、人種的または宗教的な集団の全部または一部を、それ自体として破壊する意図をもって行われる以下のいずれかの行為を指す。

a　集団の構成員を殺害すること

b　集団の構成員に重大な身体的または精神的な危害を加えること

c　集団にその全部または一部の身体的破壊をもたらすよう意図した生活条件を故意に課すこと

d　集団内の出生を妨げることを意図した措置を課すこと

e　集団の子どもを他の集団に強制的に移すこと」

この定義が、現在でも国際裁判などで法的な根拠として使われているのだそうです。例えばナチスによるユダヤ人の虐殺や、ボスニアやアフリカのルワンダなどで起こった民族浄化などがよく知られるものですが、この条約にあるジェノサイドの定義にある「国民的、民族的、人種的または宗教的な集団の全部または一部」に該当するかどうか判断が分かれるような、例えば社会主義国で起こった特定の政治階級集団に対する粛清、虐殺といったものもあります。

日本でも、このジェノサイドとは何なのかということを学問的に研究する方々が増えてきました。

率直に言わせていただければ、無差別爆撃、戦略爆撃という手法は十分にこのジェノサイド条約の定義に当てはまるものではないかと僕は思うのですが、皆さんはどうお考えになりますか。

広島、長崎への原爆も、立派な無差別爆撃の一つです。それに、日本の都市に対して行われた東京大空襲を象徴とする本土空襲も、無差別爆撃です。

ただ、世界的なジェノサイド研究においても、こうした無差別爆撃がジェノサイドであるかどうかについて、まだまだ研究が深められていないというのが現状のようです。

まあ、日本の研究者が原爆や本土空襲をジェノサイドとして研究するというのは、なかなか難しいところはあると思います。もちろん、日本だって中国の重慶などに対して同じような無差別爆撃を行ったり、虐殺と評される行為もしていますから、その責任自体は問われることにはなるでしょう。でも、誰かが勇気を出してやらなければならないテーマでもあるはずです。

それができるのは、「ヒロシマ・ナガサキ」が、本当の意味で歴史のなかで捉えられるようになってからの話なのかもしれません。でも、アメリカに対してそれらの法的責任を問うたり、賠償を求めるということは日本人はできないかもしれないけれど、因果関係とは別の次元で、どんな理由があろうとも原爆投下などの無差別爆撃は誤りだった、という結論にたどり着くことは決してできないことはないと思うのです。

是非、若手のジャーナリストや研究者にはそれをやってくれることを期待しています。海外の研究者なども巻き込んでどんどんチャレンジしてもらいたい話です。

「ヒロシマ・ナガサキ」はジェノサイドだった……。そういう理解が国際社会で定着することこそ、無念の思いで亡くなっていった被爆者や空襲被害者たちに対する真の供養ではないかと、僕は思うのです。

日本人の「昭和天皇論」を問う

今上天皇の「慰霊」へのこだわり

今上天皇が八月八日、ビデオメッセージによる生前退位の意向を示された出来事については、二〇一六年に大きな議論を呼びましたね。

実はこれまで、作家の半藤一利さんと一緒に天皇・皇后両陛下と会話を交わしたことがありました。まあ、二人とも昭和史に多少うんちくがあるようだと、話してみたら面白いだろうとお考えになられたのかどうかはわかりませんが。

その折に、皇后陛下から妻のことでお声をかけられたんです。僕は妻を亡くしまして、そのことに話が及んだところで、皇后陛下がいたわりの言葉をかけてくださったんです。

するとはからずも、涙が込みあげてきてしまいました。

よくテレビなどで天皇から被災地などでねぎらいの言葉をかけられ、聞いている方が涙を流す光景を見ることがありましたが、その心理がよくわかりました。やはり日本人の意識のなかに天皇はどこか特別な存在だというものがあるんだろうなあと、そういう光景をみるたびに思ったりもしましたけれど、自分もそうだったのかと自覚した次第です。

余談はさておきまして、とにかく天皇・皇后両陛下は大変な量の公務をこなしておられますし、今回の生前退位のご意向（直接にこの言葉を聞いてはいませんが）についても、そもそもが体力的に公務をこれまで通りこなせないのではないか、というご心配から出たものだと思われます。陛下がそこまで公務にこだわる、その原動力は何だろうと考えると、二つのことを自身に課していることがわかります。それは、あの戦争への慰霊と鎮魂、そして国民に常に寄り添うことです。

戦没者への慰霊については、父である昭和天皇が果たせなかったことを自分が代わりに行うのだという強い意志からきているのでしょう。沖縄をはじめ、海外ではサイパン、ペリリュー島、フィリピンなど当時激戦地とされ、敵味方に関係なく多くの兵士や一般の民間人が亡くなった地を訪れては、慰霊を行っています。

　また国民へ寄り添うというお気持ちから、さまざまな被災地へ出かけて着の身着のままで避難生活を送る被災者の方々に会い、ねぎらいの言葉をかけ続けられています。こうした公務が高齢の天皇に大きな負担になっているわけですが、戦後にできた象徴天皇制における天皇のあり方をご自身で模索されながら、この二つは何があっても果たさなければという、強い信念に基づくお考えだと僕は思うのです。

海外の昭和天皇論はなぜ極端なのか

　やはり私たちは、戦後七〇年という節目を境に、これからの時代の変化も想像しながらもう一度国民と天皇の関係を確認し、次の世代に引き渡す必要があるんじゃないかと思います。それをするために、先代の昭和天皇像というものもそろそろ日本人自身で総括し、外国人から日本のエンペラーとはどういう存在なのかと問われたときに、きちんとした答えを返せるようになれば、とも思います。

というのも、天皇ほど海外でのとらえられ方に振幅がある存在はないんじゃないかと考えるからです。

なかでも振幅が顕著なのは昭和天皇をめぐる海外の分析でしょう。戦後の初期にイギリスのジャーナリストのレナード・モズレーという人が出した『天皇ヒロヒト』（一九六六年、原題は“HIROHITO EMPEROR OF JAPAN”）という本があって、これは国際的に昭和天皇のことを初めてまとまって紹介したものです。この『天皇ヒロヒト』では昭和天皇が平和主義者として描かれ、軍部などの好戦的な勢力によって戦争に追い込まれていった、というとらえ方になっています。この頃はもちろん資料的なものは少なく、モズレーが日本で関係者らに取材してまとめたものです。

一方で一九七一年（昭和四六）にアメリカでベストセラーになったデビッド・バーガミニの『天皇の陰謀』（日本語訳は一九七三年、原題“Japan's Imperial Conspiracy”）という本もあります。こちらでは一転、天皇が暴君のような好戦主義者として描かれており、その戦争責任を追及するような激しい内容です。まあ、読んでもらえればわかりますが、予断と偏見に満ちている内容で、残念ながら資料的な価値はないというべきでしょう。しかし残念ながら、こういうとらえ方をしてすべてを断定的に書いたほうがアメリカ人などには受けるんですね。時代的にもこの本が出たころはまだ「ジャップ」というような強い人種的偏見も残っており、復興した日本から繊維などの製品がアメリカ市場に流れ込んで貿易摩擦が叫ばれ始めたころです。日本人に対する不可解さをこういう本が表面的に解いてみせたというべきか、日本兵が特攻や玉砕といった理解できない戦法をとったのは、やはり天皇がやらせたんだという理解に結びついてしまうのでしょう。

その後、ピューリッツアー賞も受賞したハーバート・ビックスによる『昭和天皇（上・下）』（邦訳二〇〇二年）や、ピーター・ウェッツラーの『昭和天皇と戦争』（邦訳二〇〇二年）といった歴史学者による研究書も出るようになりました。ただ、彼らが依拠する日本の資料によって、描かれ方はずいぶん違ってきます。

どうしてそうなってくるかということを考えますと、日本でこれまでに書かれた昭和天皇に関する論文や雑誌記事、書籍などでも、天皇を好戦主義者として描くもの、平和主義者として描くもの双方があるからなんです。例えば戦時中に天皇の発した言葉ひとつをとらえて、これは天皇が主体的に戦争を指導していた証拠だと決めつけることは簡単です。

つまり思想的な結論ありきで、その方向に素材を並べたという書籍がかなりあるということです。

『昭和天皇実録』の登場

そんななかで、二〇一五年に基礎史料となるべき書、『昭和天皇実録』（以下『実録』）が公開されました。宮内庁が四半世紀を費やして編纂した、一万二〇〇〇ページに及ぶ大著です。

有り体にいえば天皇一代の官による記録というものですが、明治天皇や大正天皇のそれと、今回の『実録』は少々異なる点があります。

明治天皇の『明治天皇紀』、大正天皇の『大正天皇実録』を編纂したときは、参照すべき史料がほぼすべて宮内省（旧太政官、現在の宮内庁）にしかありませんでした。つまり、民間の史料というものがなかったんですね。いってみれば、純粋な官製の記録です。

ところが昭和天皇の場合は、戦後に制定された日本国憲法の「報道・出版の自由」が影響していいます。つまり、戦前とは比較にならないほど天皇に関する報道が行われるようになり、また戦前から戦後にかけて天皇と直接やりとりをした側近や関係者などの手記、記録が相次いで書籍化されるようになりました。戦後に刊行された、陸軍の杉山元参謀総長と昭和天皇の会話を記憶に基づいて書記が起こした『杉山メモ』などがその代表格です。『実録』はおよそ三〇〇〇点におよぶ史料を駆使してまとめられましたが、その半分ほどはいまお話ししたような民間の史料なんです。これらはすでに公刊されてきたもので、私たちは自由に手に取って読むことができます。

ところがもう半分の官の史料については、今回の『実録』を読んでみて初めて「こんな史料があったのか」というものもかなりあります。例えば昭和天皇の幼少期については傅育官の桑野鋭という人物による『桑野鋭日記』という史料が『実録』に出てきますが、これも公刊されていません。

余談ですが、宮内庁にあって公開されていない重要史料に、『拝聴録』というものがあるといわれています。昭和天皇が信頼する侍従にさまざま語ったことを記録したものだとされていて、かなりざっくばらんに天皇の本音が語られているそうです。まあ、『実録』

でも一切史料として出てきませんから、完全非公開ともいうべきものなんでしょうけれど。『実録』についてはその公開当初からいわれてきたことですが、これまでに民の側であるジャーナリズムやアカデミズムが積み重ねてきた昭和天皇像と、大枠では違いがありません。といいますか、読んでみてアッと驚くような事実が書かれていたとか、そういうこともないんです。もちろん、細部ではいろいろな発見があって、今まではっきりしなかったことが裏付けられたという点はあります。

さらに深読みしてみると面白いのは、ここの記述ではなぜこの史料から引用したんだろうとか、なんでこの話をあえてここにもってきたのかなど、編纂者側の意図がうっすらと見えてくるところがあるのです。それはつまるところ、編纂者たちが後世に昭和天皇像をどう定着させたかったか、ということになります。

開戦までの昭和天皇「三つの段階」

そんな視点をもちながら、戦前は立憲君主制のもと統治権、統帥権を総攬する日本国の主権者として未曾有の大戦を経験し、戦後は民主主義体制下で日本国の象徴へという激動の時代を生きた昭和天皇の姿を、『実録』に即して考えてみたいと思います。

昭和天皇を好戦主義者とみるか、平和主義者としてみるかというところに海外でも隔りがあると先ほどお話ししましたが、その点で押さえておきたいのが太平洋戦争への道程と、戦争中における天皇の言動です。それではまず、日本が対米開戦に踏み切る昭和一六年一二月八日に至るまでの、昭和天皇の動静を考えてみたいと思います。

『昭和天皇実録』の昭和一六年を読んでいきますと、天皇の対英米戦に対する心境の変化にはおおまかに三つの段階があったことがみえてきます。

その第一段階は「どんな理由でも開戦には反対」という時期で、これが昭和一六年一一月五日の御前会議の前までです。次の第二段階は「外交交渉による和平を望みつつも、それがダメなら開戦という選択肢も容認せざるをえない」というもので、それは一二月一日の御前会議まで。それをすぎてからは「もはや開戦しかない」という第三段階に入り、運命の一二月八日を迎えます。『実録』によれば昭和天皇はこの日、深夜の午前二時五〇分に起床して海軍の軍装に着替え、東郷外相から、ルーズベルト大統領から届いた親書の内容やそれに対する回答案について報告を受けます。起床から三〇分後には海軍の機動部隊から飛び立った第一次攻撃隊が早朝の真珠湾へ殺到し、奇襲攻撃が始まっていました。

まずは「開戦に反対」だった第一段階の時期をみていきたいと思いますが、そのころの天皇の心境を物語る言動が『実録』に記されていまして、例えば昭和一六年六月二二日に欧州で独ソ戦が始まります。すると軍部内にはドイツがソ連に対して有利な状況になれば、日本も対ソ戦に乗り出してソ連を挟撃しようという構想が幅をきかせるようになりました。そこで七月二日の御前会議でその方針が決定され、演習という名目で対ソ戦のための大増員を行ったのが関東軍特種演習です。

一方で対米戦に備えようと、フランス領インドシナに南方作戦のための基地を確保するため、同地のフランス・ビシー政権との間で日仏議定書を結ぶ（南部仏印進駐）のが七月二九日ですが、この動きにアメリカが反発し、二五日には対日資産凍結令を出す事態を迎えます。

統帥部の開戦論を諫める

こうしたなか、七月三〇日に杉山元参謀総長が奏上すると、関東軍特種演習の問題点を指摘して中止したらどうかと昭和天皇が杉山に「提案」したそうです。さらに天皇は南部仏印進駐がアメリカによる経済的圧迫を引き起こしたことも指摘したんですね。杉山参謀総長は「予期していたところにして当然と思う」旨答えたそうですが、それに対して昭和天皇は、予期していたのになぜそれを報告しなかったのかと叱責したと『実録』は記しています。

この日に天皇は永野修身軍令部総長にも謁見していまして、前総長の博恭王が対米英戦争を回避したいと発言していたことを永野に伝え、お前の考えはどうかと質問します。永野は前総長と同じように回避したいが、日米外交の修復は三国同盟の関係で難しく、このままでは石油が底をついて「ジリ貧」になるから打って出るしかないと答えたと、『実録』にあります。

永野の答えに昭和天皇はかなり驚いて、侍従武官長に永野は好戦的で困ると不満をこぼしてもいるんですね。

このあたりに、昭和天皇の心境がよく現れていると僕は思うのです。なんとか戦争を回避できないものか、軍の指導者たちにその思いを率直に伝えていたというべきでしょう。ところが彼らはもう不可避です、はやく開戦しなければジリ貧で日本は滅びるしかなくなるというばかりで、昭和天皇自身もどんどん追いつめられていくという状況だったと考えられます。

南部仏印進駐はついにアメリカによる決定的な経済制裁（対日石油禁輸）を招きます。石油の大半をアメリカからの輸入に頼っていた日本は、その備蓄量があるうちに対米英戦争に踏み切るしかないということになっていきます。

そしてついに九月六日の御前会議で、①一〇月下旬をめどに対米戦争準備を完了する、②日米交渉も継続する、の二点を骨子とした「帝国国策遂行要領」が決定されます。前日に近衛首相からその内容を奏上された天皇は「これを見ると、一に戦争準備を記し、二に外交を掲げている。何だか戦争が主で外交が従であるかのごとき感じを受ける……」と不満を漏らしています。

通常では臣下が決めたことに意見をいわず追認するというのが御前会議の慣習でしたが、翌日の御前会議では原嘉道枢密院議長が天皇の意思を忖度したような質問を幾度となくしておりまして、最後に天皇は、

「先刻原カコン〳〵述ヘタノニ対シ両統帥部長ハ一言モ答弁シナカツタガドウカ。極メテ重大ナコトナリシニ、統帥部長ノ意思表示ナカリシハ自分ハ遺憾ニ思フ」

と、異例ともいえる発言を行ったうえで、有名な「四方の海　皆同胞と思ふ代に〜」の明治天皇御製を詠みあげたのです。こんなところにも、とにかく「和平第一」、開戦に傾く統帥部を何とか諌めようとする、天皇の強い意思が現れています。

ところが情勢は昭和天皇を、さらにジリジリと追いつめていくのです。

「一戦は避け難いかもしれざるも」

当時の近衛首相が期待していたのは、ルーズベルト大統領との日米首脳会談によって、ネックとなっていた中国問題（アメリカが日本に中国からの撤兵を要求していたこと）で妥協をはかることでした。

ハワイでの会談を提案したいわゆる「近衛メッセージ」に対してルーズベルトが前向きともとれる反応を野村吉三郎駐米大使に示したこともあり、日本側の期待は膨らんだのですが、実際はそうではありませんでした。日本側の申し入れに対して一〇月二日、アメリカは回答を野村に手交しました。それは日本側の期待を打ち砕くもので、アメリカは日米交渉開始時（四月）に日本に示した四原則（①中国、仏印からの日本軍の撤退②満州国の不承認③日米双方が中国における一切の治外法権を放棄④三国同盟の否認）を再び掲げ、これに日本が同意しなければ首脳会談は開けない、とする内容でした。

この回答は、軍部に強かった「日米交渉に望みなし」とする勢力を勢いづかせ、「アメリカも妥結に向けて熟慮しているのだ」とする近衛ら「交渉継続派」の説得力を失わせる結果となりました。

これは天皇の意思にも大きな影響を与えたことでしょう。一〇月九日の『実録』には、天皇に面会した伏見宮が「人民はみな対米開戦を希望していること、開戦しなければ陸軍に反乱が起こるべきこと等、強硬に主戦論を言上」すると、天皇が「一戦は避け難いかもしれざるも、今はその時期ではなく、なお外交交渉により尽くすべき手段がある」と答えたとあります。

また一〇月一三日には木戸内大臣に天皇が「昨今の情況に鑑み、日米交渉は漸次成立の希望が薄くなりつつある如く思われるため、万一開戦となる場合には、宣戦の詔書を渙発すべき」(『実録』)とも話しています。このあたりになってくると、天皇はもちろん日米交渉による和平の道を捨ててはいないけれど、その可能性が相当低くなってきたこと、そして場合によっては対米開戦を視野に入れるしかない、という心境に変化しつつあったであろうことを、『実録』は私たちに教えてくれています。

天皇が戦争への覚悟を決めた日

半藤一利さんは、昭和天皇がそれまでの「絶対和平」から「開戦やむなし」へと覚悟を決めたのが、一一月二日ではないかという見方を提示しておられます。

なぜかというと、この日は近衛の後に首相を拝命した東條英機が上奏しています。その内容は、九月六日の御前会議で決定した「帝国国策遂行要領」について天皇が東條らに再検討するよう要望したことで、本当に開戦して大丈夫なのかどうかを細部にわたって検討した結果についての報告です。これは「項目再検討会議」と呼ばれたものでした。再検討してみたがもはや開戦しかない、というのがこの日の東條の報告で、前日の大本営政府連絡会議で「帝国国策遂行要領」が再決定されたことを天皇に伝えたのです。

その奏上の際に、及川海相も同席していまして、半藤さんはこのときに海軍の真珠湾奇襲構想を天皇に報告したのではないかと推測するんですね。『実録』にそうした記載はありませんが、その詳細を聞かされた天皇が、そこまで練られているのか、それならば開戦もやむをえまい、と考えるようになったのではないか、というのが半藤さんの説なのです。

翌三日も陸海軍の統帥部のトップ（杉山陸軍参謀総長、永野海軍軍令部総長）を呼んで、海軍の作戦開始日など具体的な対米作戦の中身について聞いています。僕も、このあたりが昭和天皇の開戦への決意が固まり始めた時期だと思います。

こうして一一月五日、御前会議が開かれ、ここで開戦時期を一二月初頭と定め、対米交渉が一二月一日午前零時までに成功した場合は武力発動を中止するという「帝国国策遂行要領」が正式に裁可されたのでした。

片方で続けられていた日米交渉もいよいよ最終局面に入っていきます。日本側は甲案、乙案という二つの妥協案を用意しました。詳しくは述べませんが、南部仏印や中国からの撤退、三国同盟などに関するアメリカ側の要求に対する妥協案で、甲案よりも乙案のほうがより妥協する内容になっており、まず甲案を出してアメリカの反応を読みながら、交渉がまとまらない場合にこれが最後だよというかたちで乙案を出すという流れでした。

案の定、甲案によるハル国務長官との交渉は行き詰まりをみせ、一一月二〇日、日本側は乙案の提示に踏み切ります。そして二六日、ハル国務長官から野村駐米大使に回答が示されました。有名な「ハル・ノート」ですね。

「豈朕カ志ナラムヤ」の理由

この「ハル・ノート」の中身は、交渉開始時にアメリカが示した四原則と何ら変わらない厳しいもので、これまで九カ月も妥協に向けて続けてきた日本側の希望を完全にくじくものでした。何しろ、満州事変以前の日本に戻れという内容ですから。

こうして「ハル・ノート」はアメリカによる最後通牒と日本側は受け止め、もはや交渉に一切の望みなし、残された手段は対米開戦だということになりまして、一二月一日の御前会議で正式にアメリカとの戦争が決定されるにいたったのです。

おそらく昭和天皇も、一縷の望みをかけていた和平への道をパッと閉ざされてしまったような強いショックを、「ハル・ノート」から受けたことでしょう。和平か開戦か、それまで五対五ぐらいの心境だったものが、これで一対九ぐらいになり、一二月一日の御前会議、開戦前で最後となる御前会議を迎えたのではないかと僕は考えています。

それ以降、天皇は戦争に入る覚悟を決め、そのうえで日本に落ち度がないかどうか臣下に確認するような言動が『実録』にも記されています。その一方で戦争という手段を選択するしかなくなったことへの不満もところどころに現れているんですね。一二月二日に百武侍従長から「臣民が一団となって皇運を翼賛する」刺激になるような御製を勧められますが、天皇は「対外硬的」、つまり諸外国から強い態度に受け取られるのではないかと憂慮して歌を詠むことを断っています。さらに開戦の詔書案づくりにおいても、皇太子時代に厚遇してくれたイギリスに戦端を開くことを「全く忍び得ず、自身の意志ではない旨」を詔書に入れるよう要望しているんです。それが結果的に詔書にある一文「豈朕カ志ナラムヤ」になったと、『実録』は解説しています。

このように大日本帝国の主権者だった昭和天皇は、一言でいえば「やむをえず」という心境で臣下による対米英開戦という方針を裁可し、日本は戦争に突入していきました。

初戦の快進撃もつかの間、戦局のターニングポイントのひとつになったとされているのが昭和一七年六月のミッドウェー海戦です。

海軍作戦を指揮していた山本五十六連合艦隊司令長官は、真珠湾攻撃で撃ち漏らした米空母の存在を最も気にかけていました。山本の杞憂が現実となったのは、昭和一七年四月の本土初空襲です。

この空襲に使用されたのはB25という機体で、本来は空母からの発進を想定していない大型の爆撃機なんです。これを指揮官だったドゥーリトル中佐が極秘裏に猛訓練させて空母から発艦できるようにしたんですね。ただ着艦はできないので、太平洋上から発進して日本を空襲後、中国大陸まで飛んで中国軍の基地に着陸させるという何とも大胆な作戦でした。

一六機のドゥーリトル隊は東京など複数の都市を爆撃し、損害は軽微だったものの、帝都が空襲されたという事実は日本軍首脳部にかなりの衝撃を与えました。ミッドウェー島の米軍基地を日本海軍の機動部隊で襲い、米機動部隊を誘い出して一挙に撃滅するという山本の積極的なプランに反対していた海軍軍令部の参謀らもこれを契機に同意せざるを得なくなったのです。

伝えられるウソの戦果報告

ところがこのミッドウェー作戦は日本側が主力空母を四隻も失う大敗北で終わります。

この作戦の是非についてはさまざまに語られてきましたがここではあえて論じません。それよりもここで僕が指摘したいことは、昭和天皇にその事実が正確に伝えられたか、ということです。

同海戦が終わって数日後の六月一〇日の『実録』には次のように記されています。

「午後四時、御学問所において軍令部総長永野修身に謁を賜い、戦況につき奏上を受けられる。なお、この日午前十時三十分からの大本営政府連絡懇談会において、海軍側よりミッドウェー海戦の戦果に関し、航空母艦一隻を撃沈、その他航空母艦一隻・巡洋艦数隻を大破したこと、我が方の損害は航空母艦一隻喪失、航空母艦・巡洋艦各一隻大破であることを報告する」

まるで戦果と損害が五分五分だったような内容ですけど、事実は違いますよね。日本の損害は沈没艦だけでも空母四隻、重巡洋艦一隻で、米側のそれは空母一隻、駆逐艦一隻です。戦果を水増しし、損害は小さく「ねつ造」した報告は、国民に対する大本営発表でも同様でした。大本営発表のウソというのは僕もずいぶん調べて論じたことがありますが、ここであらためて驚くのは天皇にまで同じウソを報告していたという事実なんです。

それが、ミッドウェーに限ったことではないから恐ろしいんですね。例えば先ほど触れたドゥーリトル空襲でも、次のように『実録』にはあります。

「午後二時、御金庫室廊下において参謀総長杉山元に謁を賜い、空襲に関する奏上を受けられる。暫時の後、内務大臣湯沢三千男に謁を賜う。なお午後二時、東部軍司令部より敵機九機を撃墜した旨が発表される」

ここは微妙な書き方です。ちなみに「敵機九機を撃墜」というのはウソで、ドゥーリトル隊は一機も撃墜されていません。当時の大本営発表は「九機撃墜」ですが、それを杉山が天皇に報告したかどうかには触れず、そういう発表があったと記すだけですから。

ただ、ほかの史料も参照すると面白いことがわかります。この日の夜、防衛総司令官だった東久邇宮稔彦王が天皇に面会しており、『実録』にもその記録があります。この稔彦王には戦後に著した『やんちゃ孤独』という手記があるのですが、そこにはこの日、天皇に敵機を一機も撃墜できずこのままでは本土防衛は無理だと報告しようとしたら、杉山参謀総長から防衛総司令官には陛下に直接報告する権限がないと抗議され、報告を止められた経緯について書かれています。

天皇を襲う極度のプレッシャー

つまりそれをあわせて考えると、杉山が天皇に大本営発表と同じ「九機撃墜」で報告をしており、稔彦王がその後真実を伝えようとしたらやめろといわれた、というストーリーが浮かびあがってくるわけです。

こうした軍のウソに天皇が次第に不信感を募らせていくようになるんです。それについては後で詳しく触れますが、軍の報告を信用できず、天皇は短波放送に耳を凝らして情報を収集するようになるんですね。

やむをえず日本は戦争をはじめて最初のうちこそ勝った、勝ったでよかったけれど、おそらく昭和天皇の心のうちには、堪え難いほどの不安が日増しに大きくなっていったのではないかと思います。それを物語る出来事が昭和一七年の一二月、まさに開戦から一年がたとうとするころにありました。

一二月に天皇は伊勢神宮へ参拝します。その際に京都御所へ滞在したときのことです。『実録』によれば夕食の前と後に二度、侍従たちが待機する常侍官候所に天皇がやってきて、次のように話したとあります。

「侍従小倉庫次、同戸田氏英、侍従武官尾形健一に対し、過去の歴史、満洲事変後の政治情勢、戦争等に関する御感想を漏らされる。日露戦争・満洲事変・支那事変を引き合いに出され、戦争を如何なる段階にて終結するかが重要であることを繰り返し仰せられる。また、ソ聯邦への恐怖及び支那の屈服困難との点から支那事変を希望せざりしも、陸軍の強硬意見によって何も言えざりし旨を漏らされ、さらに対米英開戦前の不安な心境、なお欧洲訪問時が自身の最も良い時期なりし旨を御述懐になる」(昭和一七年一二月一一日)

ここは名前のある小倉侍従の回顧録である『小倉日記』を史料として引用しているのですが、この史料によるとこの日、天皇が突然侍従たちの部屋に文字通りふらっとやってきて、どうしてこんなことになったのか、自分は支那事変（日中戦争）にだって反対だった、戦争なんかやってどうなるんだなどと、千々に乱れる赤裸々な思いを独り言のようにまくしたてたそうです。

天皇はこの伊勢参拝で、皇祖皇宗に報告しました。もちろん表向きは戦勝祈願ですけれど、内心では「敗戦」の現実味のほうが大きくなっていたのではないでしょうか。ミッドウェーで負け、このころはガダルカナル島の争奪戦でも敗退が続き、転進という名の撤退が検討されていました。皇祖皇宗から受け継いだこの国を、この戦争によって滅ぼしてしまうようなことになったら……。

これはまさに天皇という特殊な立場にある者にしかわからない、極限のプレッシャーに直面していたというべきでしょう。神経衰弱ともいうべき状態が頂点に達していて、喉まで出かかっていたものが侍従たちを前に噴き出した、ともいうべき出来事ではなかったでしょうか。

「和平を実現できざるや、領土は如何でもよい」

対米戦争は早期終結の見通しが立たないまま、二年、三年と長期化していきました。昭和一九年の七月には絶対国防圏の要衝と位置づけたサイパンが陥落し、強気だった東條首相も重臣らの倒閣運動などにあって総辞職し、小磯国昭内閣が誕生します。

いよいよサイパンを拠点としたアメリカの本格的な空襲が予想されるため、このころに天皇の帝都からの疎開が検討されたんですね。いっそのこと日本本土ではなく大陸への疎開という案も出たようですが、天皇はきっぱり「あくまで皇大神宮の鎮座するこの神州にあって死守しなければならない」(『実録』昭和一九年七月二六日)と拒否します。

皇大神宮とは伊勢の天照大神を祀る「内宮」で、古来から国家の大事の際には勅使が送られ、奉告が行われた神社です。その重要な場所を放って大陸へ行くことなどできないということですね。

欧州の戦局もドイツに対しては六月に大がかりな連合軍によるノルマンディー上陸作戦が実施され、イタリアでも同じころローマに連合軍が進撃するなど、対米講和の前提としていた独伊によるイギリス打倒の望みも消えてしまいました。
それからしばらくして、『実録』には天皇のこんな発言が記述されています。

「内大臣木戸幸一をお召しになり、約二十分にわたり謁を賜う。天皇は、ドイツ屈服等の機会に名誉を維持し、武装解除又は戦争責任者問題を除外して和平を実現できざるや、領土は如何でもよい旨を述べられる」（昭和一九年九月二六日）

ここが『実録』の不思議なところなんです。戦争中も連日のように臣下の者が天皇に会って報告していますが、そのやりとりのほとんどは『実録』に書かれていないのに、突然こういう内容がポンとさりげなく記述されていたりするのです。
『実録』では、この天皇の発言を受けた木戸が外務大臣の重光葵に「極秘事項」として内々に伝えたとも記されています。おそらく、このころから昭和天皇が早期講和への意志をもっていたのだということを後世の人たちに伝えたいという編纂者の意図が伝わってくる箇所でもありますが。

特攻に「よくやった」発言の真意とは

こうして『実録』も含めこれまで明らかになっているさまざまな史料を総合すると、天皇は昭和一九年の終わりごろから一刻も早く戦争をやめたいという気持ちが大きくなっていたことがわかります。でも、そんなことをいきなり軍人に言い出せるような状況にはなく、軍には大元帥としての立場を通しつつも、一方では親しい者にどうしたら戦争を終わらせることができるか相談し、極めて難しい舵取りをしなくてはなりませんでした。『実録』に記載されている日々の膨大な数の上奏、裁可を見ても、すでに人間の能力を超えるほどの仕事量で、それこそ精神的にも疲労困憊していたはずです。

こういう状態になると、人間というのは物事のプライオリティがつけられなくなり、すべてがフラットになってしまうように僕は思うのです。

例えば一〇月二五日、この日はフィリピンの戦いで、海軍の大西滝治郎中将が編成した神風特別攻撃隊敷島隊五機（関行男隊長）がマバラカット基地を出撃し、体当たり攻撃によって米護衛空母「セント・ロー」を撃沈しました。初の特攻による、初の戦果です。

その翌日、『実録』にはこう書かれています。

「御学問所において軍令部総長及川古志郎に謁を賜い、比島における戦況等につき奏上を受けられる。その際、神風特別攻撃隊敷島隊等による突撃戦果についても奏上あり」（昭和一九年一〇月二六日）

かなりあっさりした記述で、海軍の及川軍令部総長が具体的にどう特攻について報告したのか何も書かれていません。でも『神風特別攻撃隊の記録』（猪口力平・中島正、一九六三年）などによれば、及川が敷島隊の戦果を伝えた際、天皇は「そのようにまでせねばならなかったか。しかしよくやった」と話したとされています。

先ほどお話しした物事がフラットになってしまっているという話でいえば、ここもそうじゃないかと僕は思うのです。

昭和天皇の立場で考えてみるなら、「朕ガ陸海将兵」が命を投げ出してフィリピンの防衛に尽くしていることを報告されれば、褒めないわけにはいかないだろうとまずは思います。でも、開戦前にあれだけ細かなところにまで気を配るほど慎重で緻密な方ですから、自身の発言がどのように受け取られるか、通常の状態であれば及川に対しかなり突っ込んで質問したのではないでしょうか。

ですから、これまでの戦果報告と同様、反射的にそう発言してしまったと考えるのが自然だと僕には思えるのです。この言葉だけをとりあげて「天皇は特攻に積極的だった」などと解釈するのは、木を見て森を見ずというべきでしょう。

ただ結果的に、天皇の「よくやった」というお褒めの言葉は、大西の言うところの「外道の統率」であったはずの特攻を常態化させ、十死零生という非道な作戦を認めるきっかけになりました。

自分の一言が軍という組織に与える影響の大きさを天皇は熟知していたにもかかわらず、そのような結果につながったことは歴史の悲劇というしかありません。

近衛が突きつけた上奏文のインパクト

極限まで追いつめられた精神状況にもかかわらず、天皇はなんとかして最悪の結末を回避すべく動き出すんですね。

昭和二〇年二月に入ってから、天皇は重臣たちを個別に呼んで、戦争の見通しなどについて率直な意見を求めます。

若槻礼次郎や岡田啓介らはあまり機微に触れるような情報をもっていません。情報はないけれど、状況は決して良くはないという考えを述べます。

このときには重臣となっていた東條英機も呼ばれるのですが、東條はあいかわらずの強硬論で、しかも何の根拠もなくひたすら、和平なんてとんでもない、本土決戦でこそ活路が開けるのだと。

敵の戦線は伸びきっているのに対して、わが国は自分の庭で戦争をするようなものだから日本が断然有利だ、国民の意識も高まっているし、そもそもわが国は有史以来戦争に負けたことがないのだから、という意見でした。天皇はおそらく渋い顔をして聞いていたんじゃないでしょうか。侍従長の藤田尚徳はあきれて聞いていたようです。東條の言う通りもし本土決戦をやって、日本はどうなっていたかと考えるとゾッとしますが……。

なかでもすごいのは、近衛文麿です。このときに近衛が天皇に提出した「近衛上奏文」は有名ですが、『実録』ではあえてその要旨を詳細に掲載しているんです。

その主旨は、軍部のなかに共産主義と連動する一派がおり、このまま戦争を続ければ共産革命が起こるという警告でした。これは裏話ですが、この上奏文を実際にしたためたのは達筆で知られる吉田茂なんです。吉田は当時、憲兵隊から「ヨハンセングループ」(吉田反戦グループの意味)という隠語で呼ばれ、目をつけられていましたから、監視をかいくぐるように二人は落ち合い、徹夜で四〇〇〇字もの文章を書き上げたんですね。

この上奏文はある意味で天皇に対する脅しのような内容です。だって、戦争を続けて革命が起これば、天皇制が打倒される可能性すらあるわけですから。

昭和天皇もこれには驚愕したんじゃないでしょうか。梅津参謀総長を何度か呼んで、確認したりもしています。吉田茂はのちにこの一件で憲兵隊に逮捕されてしまいますけど。

「かくなっては国は守れぬ」

昭和二〇年はいよいよアメリカによる本土空襲が本格化し、三月には死者が一〇万人を超える東京大空襲がありました。二月の硫黄島上陸に続いて四月には米軍が沖縄に上陸し、いよいよ戦局は日本本土へと迫ってきます。

昭和一九年の後半ごろから天皇はたびたび、具体的な戦争終結について臣下の者に言及していたことが『実録』にも記載されています。天皇がそう考えるようになった理由のひとつに、陸海軍トップらの報告に疑いをもつようになったから、という点があげられると思います。

長谷川清という海軍大将がおりまして、昭和一九年一二月まで台湾総督を務め、その後軍事参議官となっていた軍人がいます。この長谷川に、翌年二月に海軍戦力査閲使という特別な任務が与えられます。これは具体的に海軍の戦備などがどういう状態になっているのか、本当に本土決戦になっても大丈夫なのか、現場レベルまで出向いて調べるという任務だったのです。

長谷川からの報告を天皇が受けたのが六月で、その内容は「一日五十本の魚雷を作つてゐた工場がたつた一本しか出来ぬ有様、海軍の所用魚雷を是非とも作らうとすれば、陸軍の工場迄も全部海軍に廻さねばならぬと云ふ」（『昭和天皇独白録』）ものでした。

この報告と同じころ、陸軍の梅津参謀総長が満州を視察して帰ってきてから天皇に、「支那にある我が全勢力を以てしても、米の八ヶ師団にしか対抗出来ぬ状態であるから、若し米が十ヶ師団を支那に上陸させたら、到底勝算はない」（同）と報告しておりますから、陸海軍を問わず、とても表向き威勢のいい「本土決戦」などに到底耐えられるような状況にはないと、天皇も悟ったことでしょう。実際に『昭和天皇独白録』では長谷川からの報告を聞いた後、天皇が「かくなつては国は守れぬと私は思つた」と述べています。

天皇が軍へ不信をもった理由

こうして昭和一六年からの権力中枢の動きをつらつら見てまいりますと、あらためて強く思うところがあります。それは、大元帥であるはずの天皇に対して、軍部は正確な情報をあげていなかったという事実です。それは以前から指摘されていた点ですけれど、『実録』もそれを、さりげない記述でありますが、追認しています。

例えば、開戦から一年半ほどたった昭和一八年の半ばころですが、天皇が杉山にニューギニア作戦はうまく進んでいるのか、東條からあまり気合いが入っていないようだと聞いたが、と質問します。杉山は背水の陣でやっているから「方針ハ微動ダニアリマセヌ」（『実録』）と強気に答えます。

日本軍はニューギニアにラエ、サラモアの二要地を確保していて、そこを拠点にポートモレスビーを攻略し、オーストラリアの連合軍基地を牽制する狙いでした。ところが杉山が天皇にそう答えた直後に、米軍がニューギニアへ上陸を始めて激しい戦闘がくり広げられることになります。

『実録』を読んでも、その後のニューギニアの戦況について杉山がどう天皇に報告したのかはまったく触れられていません。一方で同じころの五月末にアッツ島の守備隊が全滅しており、それを受けてキスカ島守備隊の撤退作戦が行われましたが、そちらのほうは何度も杉山、永野が報告し、天皇からお褒めの言葉をもらっていたりするんですね。

ここなんです。つまり、統帥部長らは順調にいっていない作戦などはなるべく触れないようにして、全体の一部でうまくいっていることを盛んに天皇に伝えていたフシが、どうも多々あったのではないかということです。自分たちの責任逃れのために大元帥である天皇を煙に巻いていたとでもいうか、天皇がこの戦争に消極的になるような報告を慎んだ、とでもいいましょうか。

海軍次官だった井上成美も、当時の米内大臣から、陛下より下問のあった燃料の状況について報告しろといわれ、軍需局長に問い合わせると「本当のことを書きますか」と言われたと証言しています。昭和一九年秋のことです。

天皇にウソは言えないから本当のことに決まっているだろう、なんでそんなことを聞くのかと井上が訝しがると、その軍需局長は、前の嶋田（繁太郎）大臣の時代には「メーキングした資料」、つまり内容を粉飾した資料をいつもつくっていたと明かした、と井上は記しています。

これは水交会が二〇一〇年に出した『帝国海軍提督達の遺稿　小柳資料』（上・下巻）に出てくる証言ですが、天皇には適当に話を丸めてあげておけばいいという慣行が横行していたことをうかがわせる証言です。

こうした巧妙な天皇への情報の伝達のあり方についてはこれまでも研究者が指摘してきたことでもあるのですが、今回の『実録』にも、天皇と臣下の者の関係がそういった状態であったことを匂わせる部分がやはりあるわけです。

昭和天皇が、戦争が長引くにつれて軍部への不信感を強めてゆき、情報源をアメリカの短波放送に頼ったのも無理はありません。

「富田メモ」に表れた天皇の心境

それに加え、戦後になって天皇があの戦争に関する自身も知らなかった実態を報道や書などから知らされ、自分はだまされていたという心証をもっていたように思います。

これはたびたび触れる話ですが、東京大学法学部の教授だった団藤重光さんという方がおられて、昭和天皇と同世代ということもあり御進講もされていました。団藤さんが昭和五〇年代に昭和天皇から聞いた肉声をまとめて書籍化することになり、それを編集していた出版社から僕にそのゲラが送られてきて、要は内容をチェックしてくれというのです。そのなかに、天皇が「軍人たちに私も結果的にだまされていた」とあの戦争について回顧する記述が幾つもあって、僕も天皇がこんなに軍人に対して強い憤りを感じているのかと驚いた記憶があります。

そんな天皇の心証に通底するのは、二〇〇六年に日本経済新聞が報道した「富田メモ」です。昭和五三年から一〇年ほど宮内庁長官を務めた富田朝彦が私的につけていたメモに、靖国神社のA級戦犯合祀について天皇の不快感を示す発言があったというものでした。つけ加えるとこのとき、日経社内に富田メモに関する検証委員会が置かれ、僕も委員として参加しながら天皇が靖国神社のA級戦犯合祀について激しい言葉で不満を漏らしていたことを知りました。メモを発見した同紙の井上亮記者は、史料の分析にあたって大きな役割を果たしてくれました。

今回の『実録』にも昭和六三年四月二八日の項で触れられているのですが、この日に天皇が富田に会い、A級戦犯の合祀、御参拝について話したとして「なお、平成十八年には、富田長官のメモとされる資料について『日本経済新聞』が報道する」とだけ記しています。

宮内庁としては公式に「富田メモ」の内容を確認していませんよという「富田長官のメモとされる資料」との書き方がなんとも思わせぶりで、その中身については判断を保留したような微妙な記述ですけれども。

「富田メモ」が報道されてから、その内容の真偽を巡って議論があり、疑義を呈する方々の論拠に、『昭和天皇独白録』との齟齬に関する指摘がありました。『独白録』では天皇は東條の働きを肯定的に評価していたり、東條以下七名が戦犯として処刑されると聞いて目を赤くしたほど同情的な言葉がつづられていて、A級戦犯が合祀されたから私は参拝していない、それが私の心だとする「富田メモ」の天皇の言葉とつながらないではないか、という見方です。

僕が推察するに、『独白録』の天皇の発言は昭和二〇年代で、戦争中の出来事やそれについての天皇の気持ちが生々しい時代のものです。また、先ほど触れたように戦争当時は知らされていなかった話が折に触れて天皇の耳目に入っていたでしょう。また東京裁判で自身は訴追されず、臣下の者たちだけが処刑されることに相当な心痛があったと思います。

でも一方で、終戦直後の九月九日に天皇が疎開先の皇太子に当てた手紙が関係書に紹介

されていて、そこには

「明治天皇の時には　山県　大山　山本等の如き陸海軍の名将があつたが　今度の時はあたかも第一次世界大戦の独の如く　軍人がバツコして大局を考へず　進むを知つて　退くことを知らなかつたからです」

と、軍部に対する不信がすでに記されてもいます。

「統治システムの欠陥」に苦しんだ天皇

人間の感情というのは長い年月を経て変化していくものです。年月がたてば昔大げんかして二度と顔も見たくなかった友人でも許すことができたりもします。昭和天皇のかつての軍人に対する感情は、長い時を経て「自分は彼らにだまされていた」という面が強くなっていった、と考えるのが、自然ではないかと僕は思うのです。

本当に、臣下の代表、つまり天皇の大権を付与された者が国民だけでなく、当時主権者であった天皇すらだましていたとするなら、よくそんな状態で戦争を続けたものだと僕は腹が立って仕方がないんです。日本の戦前のエリートたちがつくりあげた国家の意思決定システムには大変な欠陥があって、悲しいことですがそれが日本という国の限界だったと思わずにはいられません。

明治憲法をつくり、当時の伊藤博文や山県有朋ら政治と軍事双方に精通した者たちが運用してきた天皇を頂点とする統治権、統帥権のあり方というものが、昭和に入ってから形骸化していったことがシステムの欠陥を招いたように、僕は考えます。

明治期の諸悪の根源のようにいわれる藩閥政治というものがありましたが、実はそれが政治と軍の関係をうまくコントロールしていたという側面があったことはすでにお話しした通りです。日露戦争はその政軍関係が働き、軍が政治の言うことをきかなくなって暴走するなどということが起こらず、講和をアメリカにあっせんしてもらうよう働きかけるなど戦争の終わらせ方への道筋が描けたんですね。

ところが国家の組織体制が大きく、また複雑化していくなかで、政治は政治、軍は軍という分化が進んでいきます。あわせて幼年学校から純粋培養されて育った軍人たちが軍の中枢を占めるようになり、陸軍なら陸軍、海軍なら海軍という自分たちの組織、集団の利益を追求するようになっていきました。

本来ならそうした肥大化した組織を束ねるような、政治が軍事をコントロールできる新しい上部のシステムが必要だったのに、それがないまま大バクチのような戦争に突入してしまった、ということなんだなあという感慨をもつのです。アメリカとの戦争では「物量で負けた」とよく言われますけど、物量の前にシステムとしても、存亡をかけた大戦争などできる状態にはなかったというほかありません。

その点でいうなら、昭和天皇自身もそうした欠陥を含んだシステムに苦しんだ犠牲者の一人だったと僕は思います。先ほど述べたように、戦力査閲史の報告などを受けてこのままでは国を滅ぼすことになると確信した天皇は和平への覚悟を決め、同じ危惧を抱く臣下の者たちと積極的に連携をとりはじめます。そして本土決戦を主張する軍事指導者に対し、二度にわたる聖断でポツダム宣言を受諾する意思を表明してようやく戦争が終わったわけです。

確かに終戦への判断が遅れたことについて天皇にも責任があるとする意見もわかるのですが、天皇に戦況や戦力などの実態が本当に正確に伝わっていたら、天皇ももっと早く和平への動きを進めていたのではないか……、そんな思いもするのです。

それでは冒頭でお話しした、昭和天皇は平和主義者か好戦主義者かという問いに対する僕の答えを申し上げます。

僕は平和主義者か好戦主義者かというのは表面的なとらえ方だと考えます。そうではなくて、天皇のなかの最も重要な判断基準とは、自身にいたるまで一二四代続いた皇統を守れるかどうか、この一点だったと思うのです。戦前の言葉でいうなら、それは「国体護持」です。

対外戦争をしてもし負ければ、皇統をも失う可能性があります。でも、もし対米戦争に打って出なければ日本は満州事変以後に積み重ねた対外権益を失うだけではすまない、アメリカの経済制裁もあってもし数年後に攻められたら海軍は歯が立たない、だから今開戦するしかないという結論を、天皇は大本営政府連絡会議から突きつけられました。開戦に踏み切らなければ結果的に国、すなわち皇統を危うくするというならば、開戦もやむを得ないと天皇も覚悟を決めたのでしょう。

そして戦争が長引くにつれ、天皇は恐れていた「敗戦」への不安を募らせていきます。軍部は負け戦が続いてもあと一戦、あと一戦というわけですが、天皇はもはや軍部の言うことを信用していません。先ほど触れた海軍戦力査閲史の報告を聞けば、とてもこの国には本土決戦できる戦力など残っていなかったのですから。

昭和天皇を神経衰弱のような状況に追いつめたものとは何だったのか。

それはこの戦争に勝っても負けても、どちらにせよ皇統を失うかもしれないという恐怖ではなかったでしょうか。あの戦争が長引けば長引くほど死者の数は増え、そこから生まれる国民からの恨み、不満が高まれば、それこそ戦争に勝とうが共産革命のようなことが起こるかもしれない。でも戦争に負けたら戦勝国側から天皇制の廃止を求められるかもしれない。

国体、すなわち皇統を守るための手段として選択した戦争だったはずなのに、こんどは戦争が皇統を危機に陥れていく……、そこに歴史の皮肉を感じます。

今上天皇の「堪え難い重荷」に思いを寄せる

昭和天皇に代わって即位した今上天皇は、戦没者への慰霊に対して並々ならぬ強い意思をおもちになっています。高齢にもかかわらず、日本国内だけでなく多くの兵士が玉砕したパラオのペリリュー島や、五〇万人を超える日本軍将兵だけでなく多数の民間人も巻き込んでの激戦地となったフィリピンにも慰霊の足を伸ばしました。

天皇のそうした強い意思はどこからきているのでしょうか。

今上天皇の喉もとまで出かかっている思いを、勝手に僕が忖度させてもらいますと、次のようになるのではないでしょうか。

それは、「天皇のために」といって死んでいった数多の戦没者に対して慰霊をするたびに、どれだけ胸を締めつけられるかわかりますか、というお心です。

僕には天皇が口にはされないけれど心のうちに抱えられている、とてつもなく重い苦悩のようなものを感じるのです。天皇の名によって始められたあの戦争で、軍人と民間人合わせておよそ三一〇万人もの方が亡くなっているという事実、さらに日本軍の犠牲となった各国の死者たち。その事実を受け止める側の天皇の気持ちを、私たちは想像してみるべきです。だから自身にとってはとてもつらく苦しい旅だけれど、父である昭和天皇がしたくともできなかった分も含めて終生慰霊を果たす。それをやり遂げなければあの戦争にけじめをつけたことにはならないのだ、という強い信念から行動されているのでしょう。

よくよく考えてみれば、明治の王政復古から戦後の日本国憲法発布までの立憲君主制の時代というのは、長い日本の歴史からすればほんのわずかな時間にすぎません。古代の専制君主的な時代を除けば、室町幕府のあたりから江戸末期にかけては、天皇は政治権力と分離された権威であり、現在でいう象徴天皇制に近い存在であったともいえます。

その意味でいうなら、今のような日本の天皇のあり方は歴史に反するものではないし、むしろ戦前のあり方のほうが特異であり、国民にとっても天皇にとっても不幸だったといえるのかもしれません。

ですから、現在の民主主義社会のなかで、天皇のあり方を模索しつつ、定着させていくことが大事なのだと思います。例えば、天皇の生前退位の問題や、女性天皇を認めるかどうかという皇位継承問題があります。今回、天皇が生前退位に関して異例のメッセージを

「おことば」として発表されましたけれど、これは昭和天皇の「人間宣言」に匹敵する歴史的な意義があるものだと思います。

今回の「おことば」については是非が問われてもいますが、僕はある意味で画期的というか、新しい天皇と国民の関係につながる姿勢なのではないかと評価しています。もちろん天皇が何か政治的な事柄について発言するというならともかく、これはあくまで皇室のあり方に関するものですし、それを自分はこう思うけど、国民の皆さんはどう思いますか、一緒に考えてくれませんかという対話です。天皇のあり方を規定する皇室典範が今のままでは、こういう問題が生じているのですよという、心の叫びでもあると思います。

こうした天皇からの問題提起をもとに、国民も向き合って一緒に考える……。天皇という存在をタブーのように祭り上げ、奥の院に押し込んでしまうよりも、僕はこのほうがより健全な関係なのではないかと信じます。それが真に天皇を畏敬する気持ちにつながっていくのです。

あとがきにかえて
昭和の戦争に思想はあったか

自問すべき日本人の戦争観

二〇一四年の秋から一年間ほど、戦後七〇年の連続講義として「大平洋戦争　最後の検証」と題したお話を、朝日カルチャーセンターの新宿教室で続けてきました。

「最後の検証」としたのは、われわれ世代の一人として、あの戦争についてこう考えたよ、ということを次の世代に託すという意味です。もう私たちの世代は後期高齢者ですし、医学的には「自立した生活が難しくなる」年齢ですから、僕ができるという意味でも「最後の検証」になるでしょう。

そんなつもりでお話ししていた二〇一五年の夏に、安保関連法案が成立することになりました。集団的自衛権の行使は日本国憲法に合憲か違憲かという議論が続きましたが、法案が成立してしまうと今度は改憲論議に舞台が移っています。

本当に、時代が変わるというのはこういうことなんだなあと実感しました。時代が変わるというのは、国民の間で共有されていたこと、つまり「暗黙の了解」が世代交代で消えていくことなのだと思います。もちろんそれが消えて、新しい世代間でまた新しい暗黙の了解ができてくるということでもありますが。

私たち世代の暗黙の了解とは、一言でいえば「あんな戦争はやってはいけない」というものです。それが大前提にあって、そのうえで右派、左派に分かれて議論をしてきたものです。

例えば『大東亜戦争肯定論』を書いた林房雄だってそうなのです。林は何もあの戦争が全て正しかったとその本のなかで言っているのではありません。あの戦争が結果的には日本による侵略戦争であったことは認めたうえで、欧米の帝国主義と日本が戦う宿命にあったのだとか、あの戦争の原因をさぐると歴史的には米英にもその非があるのだという話をしているんです。

ところが現在の政治状況を見渡すとどうでしょう。左翼を中心とした護憲勢力は風前の灯となり、改憲派が多数を占めるようになってきています。こうした現実の背景にも、かつての「暗黙の了解」が消えつつある事実を物語っています。もちろん、ただ平和を唱えるだけですませてきた護憲派の怠慢にも大きな原因があるでしょうけれど。

そんなことを考えながら、カルチャーセンターでの話を土台にしつつ、安保法制のもとで自衛隊が直面するであろう、さまざまな事柄についての議論を踏まえ、再構成したのが本書です。まとめてくれたのは山川出版社の萩原宙氏です。

僕は安保法制によって自衛隊の任務が拡大された現在ほど、昭和史からの教訓が必要とされる時代はないのではないかとさえ思います。これまでは自衛隊が戦場に出て行くことは、他国からの侵略を受ける場合以外ありえないことになっていましたから、私たちはあの戦争が含んでいた誤りについて反省する、という過去形の姿勢に留まっていたのではないでしょうか。

ところが安保法制以後は、もはや反省するだけでは通用しないのです。これまでの自衛隊の活動は国連のＰＫＯなどでも非戦闘地域に限定され、そこでの後方支援に留まっていましたが、今後は駆けつけ警護や邦人救出など、武装勢力などと対峙する現場に自衛隊を出し、「軍隊として運用」することが想定されることになりました。

この国が再び軍を運用するとき、私たちに何が問われるのか。戦後の日本人に、軍を運用するために必要な「戦争観」はあるのだろうか……。そんな視点を軸にして、昭和史からどのような教訓を引き出せるのか、過去と現在を行き来しながら考えてみました。

「軍人勅諭」と「戦陣訓」

昭和史を調べてきてつくづく思うのは、別項でも触れたようにこの国が自前の軍事学をもてなかったのだということに、どうしても行き着いてしまうということです。

もちろん、明治の建軍以降、初めて国軍というものをつくった日本は、陸軍ではまずはフランス、そしてドイツから当時の最新の軍事学を取り入れてきたのは事実です。兵士や将校の養成と教育、作戦のたて方や部隊の運用方法、兵器や装備に関する知識といったことをそれこそ凄まじいスピードで学び、それで日清、日露戦争を乗り切ったんですね。

日本の軍人はどうあるべきかという精神面も、模倣から始まってより日本的なあり方にしようという努力もあったと思います。明治一五年に明治天皇から陸軍卿、海軍卿に下賜され、全ての軍人が暗唱できるまで徹底された「軍人勅諭」が有名なもので、

「我国の軍隊は世々天皇の統率し給ふ所にこそある……」

で始まります。つまり、自分たちは「天皇の軍隊」であり、それが歴史的にも本来のあり方だと説いたうえで、忠節や礼儀、武勇、信義、質素を軍人は重んずるべしとする内容でした。

加えて知られるのが、昭和一六年に東條英機陸相名で示達された「戦陣訓」です。「生きて虜囚の辱めを受けず、死して罪過の汚名を残すこと勿れ」の一文でも有名ですが、内容はそれにとどまらず、幅広く軍人の行動規範を示したものでした。

こんな訓示が出された背景には、中国戦線で日本軍兵士による掠奪強姦や、敵対していた八路軍への投降者が相次いだということがあります。陸軍の上層部が規律の乱れを不安

視して、軍人勅諭と内容は重なるけれど、より一層の軍紀粛正を図って出されたものなのです。

二〇一六年に九九歳で亡くなられた直木賞作家で、『蛍の河』などの戦記文学で知られた伊藤圭一さんがいらっしゃいました。伊藤さんは大正六年生まれで、のべ七年間、中国戦線で一兵士として戦地を転々とされたご経験をおもちでした。

以前、伊藤さんと対談させていただいた折にこの「戦陣訓」をどう思ったかうかがったことがありました。伊藤さんはそれを「世界の戦史の中でも最悪の文章」と手厳しく、そんなものはこっそり破り捨てたと言いました。伊藤さんは続けて次のようにも話してくれました。

「(戦陣訓の)文章全体に溢れている督戦的な匂いがいやだったんですね。そんなこと言われなくても現場の兵士たちはちゃんと戦っているぞ、と。東條さんには、戦陣訓を作った責任があると思いますよ。だから私は、靖国神社に東條さんを祀ることに賛成じゃないんですね。そういう人間は私たちの世代には口に出さなくてもけっこういると思います」

軍事思想なき国家・日本

確かに戦陣訓を読むと、命令する側がこれでもかと兵士を鼓舞する内容です。佐賀の鍋島藩に伝わる「葉隠文書」に出てくる武士の心得から都合のいいところだけを借用して、とにかく兵士は死ぬまで戦えといわんばかりの、伊藤さんの指摘の通り、何とも押しつけがましい内容なのです。

もちろん「戦陣訓」だけが玉砕や特攻といった日本軍の非情な戦い方の理由だとは思わないけれど、僕はこの「戦陣訓」に、命令する側の思想的な限界が象徴的に表れているのではないかと感じるのです。

また、欧米の戦略論からひもとけば、日本は地政学的にも四方を海で囲まれた海洋国家なんですね。海洋国家にはドイツやフランス、ロシアといった大陸国家とは異なる戦略が必要だという、アルフレッド・マハンらの理論があります。

でも日本は、陸軍はロシアを仮想敵国として防衛ラインを朝鮮から満州、そして内モンゴルへとどんどん拡大していく一方で、海軍はアメリカを仮想敵国にして海軍力を拡充するという、大陸国家と海洋国家の両方を追求するような戦略をとってしまいました。当時の日本の国力を考えたら、とてもその負担に耐えられるものではなかったと、研究者らも指摘しています。

こういった話も含めて、日本は自身の国力や地理的な条件といったことを加味して、またこの国の伝統や文化なども踏まえて身の丈にあった「軍事学」を自らつくり出す必要があったのだと思います。

旧軍時代の陸軍参謀で、戦後は防衛大学の先生をしていた佐藤徳太郎さんという方が著した『大陸国家と海洋国家の戦略』（原書房、一九七三年）という本のなかに、次のような指摘があります。

「世界の進運に立ちおくれたわが国として、ヨーロッパ一流の陸軍国から学ぶべきものは多々あったこと疑いないにしても、兵器やその操法訓練を別として兵学思想や兵制の根本までも鵜呑みにしたことは、必ずしも適切ではあり得なかった。日露戦争までの時期はさて措くとして、その後の一人前として列強の仲間入りをした時代以降においては、当然わが国の地位、特色、伝統、環境に即応する戦略思想の創設開展に邁進すべきものであった」

佐藤氏はこう述べたうえで、日本はドイツやフランスといった大陸国家の戦略を学ぶよりも、イギリスの外交政略や軍事思想に学ぶべきではなかったかと指摘しているのです。つまり、作戦や戦術は模倣で何とかなるけれど、戦略という軍事思想は自国の実情にあわせて、自分たちでつくり出さなくてはならないものだということなんです。

特攻を命じた側の論理

戦前でそれを真剣に考えていたといえるのは、昭和の陸軍では石原莞爾、昭和の海軍では山本五十六ぐらいではないでしょうか。

つけ加えていうなら、特攻や玉砕といった無謀で非情な作戦があれほど行われたことも、やはり自前の軍事思想が確立されていなかったことに起因するのではないかと思うのです。

例えば特攻については、あれは通常の軍事学的常識では語れない状況が生んだものだという見方もあります。つまりフィリピンに米軍が来襲してきて以降は、連合艦隊もほぼ通常の作戦能力を失っており、フィリピンを失えば本土への物資輸送もできなくなり、もはや敗北しか道は残されていませんでした。

通常の作戦、軍事力で米軍に対抗できないことは、特攻を最初に指揮した大西滝治郎にもわかっていたのです。さらにいえば、特攻作戦で米軍の侵攻を止められるとも思っていなかった。それでもなお、「統率の外道」と自嘲した作戦を実施したのは、特攻による物理的、軍事的な効果を求めたのではなく、「多くの若者が国を守るためにここまでやったのだ」という事実を歴史に残すことに意味を求めた軍事計画だったわけです。

軍の上層部に至っても、当時の状況になすすべがなく、日本という国が歴史上経験したことのない他国による占領支配を受けるであろうことを目前にして、どうしたらいいのかわからないという精神状態にあったんでしょう。

陸軍の玉砕についても、それに似たところがあります。

でも戦後の私たちが、特攻や玉砕にそうした特殊な背景があったとしても、それを命じた側の姿勢を是としていいのか。それとも、「当時としては仕方なかった」という認識でいいのでしょうか。

少なくとも特攻隊員だった人たちのさまざまな証言やその実相に接してきた僕の立場から言わせてもらえば、決して是としてはいけないし、「仕方なかった」などと片づけるわけにはいきません。

仮に現場からそのような作戦を実行するという話が上がってきたときに、軍の上層部はなぜ反対しなかったのか。ひいては、軍がそのような作戦を採用するような状況になっていることを、この国はなぜ止めることができなかったのか……。

確かに特攻は大西のいう通り、歴史には残りました。でも、「歴史に残す」ために数千名の若者の命を引き換えにするなどということが、果たして許されるべきなんでしょうか。僕には、当時の軍人らの浅薄な思考からひねり出された、狂気に近い発想としか思えません。

軍人たちが「どうしたらいいのかわからない」状況になるまで戦争を続けてはいけな

い、というのが、私たち日本人が昭和史から学ぶべき教訓ではないでしょうか。もっといえば、そのような作戦を軍も政治も止められないような国に、そもそも戦争などする資格はない、というのが僕の結論なんです。それは時代がどうあれ、「戦争観」なき国が必然的にたどりつく悲劇、といってもいいでしょう。

ひるがえって現在、私たちは過去の反省に基づいて、自前の戦争観、軍事学をもつことができるでしょうか。

僕は、それをもてないことはないだろうとは思いますが、もつためには長い時間が必要だろうと思います。

日本は歴史的にみても、ヨーロッパのような大陸国家に比べれば、対外戦争の経験がほとんどありません。古くは蒙古襲来、そして豊臣秀吉の朝鮮出兵ぐらいで、それ以外は日本が開国し、近代化を始めた明治以降の戦争です。日本に自前の軍事学が育たなかった理由には、ヨーロッパなどのように対外戦争をくり返してきた経験がなかったからという歴史もあるはずです。

日本の国柄に見合う戦争観を

そしてあの戦争を経て、再びこの国は七〇年余、戦争を経験することなく今に至っています。

この国のあるべき国防の姿とは、僕が思うには専守防衛だと信じます。日本が外に出て行こうとするとろくなことにならないというのは、秀吉の朝鮮出兵にはじまって明治の朝鮮併合、満州国建国に日中戦争、はたまた南方への進出しかり、いずれも言葉は悪いけど中途半端で長続きしませんでした。

ヨーロッパの列強が世界各地に植民地をつくり、長期に渡って資源を収奪し、あるいはプランテーションで農業生産地として統治したことは決してほめられたことではないけれど、それはとても巧妙でしたたかなものです。日本は後発ながら真似をしたものの、彼らのような形にはできませんでした。

イギリス人は植民地でキリスト教を広め、英語を普及させて、独立後もその国々に文化を残しました。日本も真似をして皇民化教育だと、日本語を教えたり天皇崇拝や神道を広めようとしたけれど、それらが現地で定着することはありませんでした。後で恨みを買ったのがせいぜいでしょう。

やはりこの国は、伝統的に受け身の国なのです。かつては中国文明からさまざまな文物を受容しながら国のかたちをつくり、文化も独自に発展させてきました。そして今度は西欧文明に触れると、「脱亜入欧」だとサッと鞍替えして西欧の知識、文化の導入を急ぎ、それを日本的に変えながら産業大国になりました。

節操があるのかないのかは別にして、日本人は歴史的に海外の文明から知識を吸収しながらそれを発展させるのが得意な民族、国柄なんでしょうね。でも逆に言えば文明国のように、周辺国を感化させていくほどの宗教や文化をこの国はもち得ないということにもなるのではないかと思います。

そう考えると、先ほどの専守防衛という国防のあり方が、この国にはふさわしいということになろうかと思いますが、いかがでしょうか。

集団的自衛権の行使を容認するその先には、特定の国家に対するアメリカを中心とした多国籍軍に自衛隊が参加するということも考えられます。戦後の自衛隊は主に米軍から多くを学んできているようですし、米軍と一体になった訓練も行われていますが、米軍に「ついていきますどこまでも」ではあってはならないはずです。

日本の政府もそんなことにはならないと言いますが、僕のような世代はそう簡単に信用できないのです。それは、「鬼畜米英」といっていた政府が負けたとたんにコロッと「これからは民主主義だ」と言い出した時代を肌身で経験しているものですから。

年寄りの小言だと嫌がられても仕方ありませんからもうこれくらいにしておきましょう。ただ最後に「小言」をひとつだけ言わせていただけるなら、くり返しになるけれど、自衛隊が戦場に送り出される前に、この国がもつべき軍事学とは何か、そして日本人がもつべき戦争観とは何かをもう一度、皆さんで考えてほしい。それが見えてこないのなら時期尚早、まだまだこの国は戦争をする資格はない、ということだけは言い残しておきたいと思います。これからの日本に向けた、僕からのささやかな苦言として。

平成二八年（二〇一六）一一月

保阪正康

保阪正康（ほさか・まさやす）

ノンフィクション作家。一九三九年北海道生まれ。同志社大学卒業後、出版社勤務を経て著作活動へ。『東條英機と天皇の時代』『昭和陸軍の研究』『瀬島龍三―参謀の昭和史』など昭和史を中心とした著書多数。「昭和史を語り継ぐ会」を主宰し、『昭和史講座』を独力で刊行し続けている。一連の昭和史研究で第五十二回菊池寛賞受賞。

日本人《にほんじん》の「戦争観《せんそうかん》」を問《と》う

昭和史からの遺言

二〇一六年十二月二日　第一版第一刷印刷
二〇一六年十二月十六日　第一版第一刷発行

著者　保阪正康
発行者　野澤伸平
発行所　株式会社 山川出版社
東京都千代田区内神田一-一三-一三
〒一〇一-〇〇四七
振替　〇〇一二〇-九-四三九九三
電話　〇三(三二九三)八一三一［営業］
〇三(三二九三)一八〇二［編集］

企画・編集　山川図書出版株式会社
印刷所　半七写真印刷工業株式会社
製本所　株式会社ブロケード
装幀　マルプデザイン（清水良洋）
本文デザイン　梅沢 博

造本には十分注意しておりますが、万一、落丁・乱丁などがございましたら、小社営業部宛にお送りください。送料小社負担にてお取り替えいたします。
定価はカバー・帯に表示してあります。

ISBN 978-4-634-15111-6